U1069813

南京农业大学经济管理学院论丛

—— 博士论文卷 ——

农户经营规模与水稻生产成本研究

——基于效率损失的视角

An Analysis on Farm Size and Rice Production Cost

——from the Perspective of Inefficiency

张晓恒◎著

经济管理出版社
ECONOMY & MANAGEMENT PUBLISHING HOUSE

图书在版编目（CIP）数据

农户经营规模与水稻生产成本研究——基于效率损失的视角/张晓恒著．—北京：经济管理出版社，2017.12

ISBN 978－7－5096－5585－6

Ⅰ．①农…　Ⅱ．①张…　Ⅲ．①农户—经营管理—研究—中国②水稻—生产成本—研究—中国　Ⅳ．①F325.15②F326.11

中国版本图书馆 CIP 数据核字(2017)第 320524 号

组稿编辑：曹　靖
责任编辑：曹　靖　周晓东
责任印制：黄章平
责任校对：王淑卿

出版发行：经济管理出版社
（北京市海淀区北蜂窝 8 号中雅大厦 A 座 11 层　100038）
网　　址：www. E－mp. com. cn
电　　话：(010) 51915602
印　　刷：三河市延风印装有限公司
经　　销：新华书店
开　　本：720mm×1000mm/16
印　　张：11.25
字　　数：189 千字
版　　次：2018 年 6 月第 1 版　2018 年 6 月第 1 次印刷
书　　号：ISBN 978－7－5096－5585－6
定　　价：68.00 元

编委会名单

总　序

南京农业大学是教育部直属的“211 工程”重点建设大学，经济管理学院的前身是金陵大学和中央大学农业经济系，历史悠久，源远流长。金陵大学农业经济系自 1920 年起招收农业经济学本科生，自 1936 年起招收农业经济学研究生。当时的系主任卜凯（John Lossing Buck）教授领导全系师生从事的中国农村土地利用制度、经济社会发展状况的系统调查和建立在调查基础上的分析、研究，是利用现代经济学理论研究中国农村问题的划时代成果，至今在国际学术界仍具有重大影响。

注重调查实证的传统在南京农业大学经济管理学院得到了发扬光大。经过数代人的努力，本院农业经济管理学科在全国同类学科中处于领先地位，继 1989 年首批被评为国家重点学科之后，2001 年、2006 年再次被评为国家重点学科。经济学、管理学等学科也得到很快发展，目前拥有农林经济管理及应用经济学两个一级学科博士点。作为全国最早获准招收硕士及博士研究生的单位，在研究生培养方面注重质量，取得了突出的成绩。在迄今为止的全国百篇优秀博士论文评选中，南京农业大学经济管理学院有三篇博士论文先后入选全国优秀博士论文。

为了更好地传播科研成果，南京农业大学经济管理学院自2001年起资助编辑和出版一系列学术著作，《南京农业大学经济管理学院论丛——博士论文卷》就是其中的一种。我们希望通过这种方式鼓励研究生做出更多、更优秀的成果，也希望通过这种方式加强与学术界同行的交流，促进经济管理类学科的发展。

钟甫宁

南京农业大学经济管理学院

目　录

第1章　导　言

1.1　研究背景、问题与研究意义

1.1.1　研究背景及问题提出

我国粮食产业出现产量、进口量和库存量“三量齐增”的局面，引起中央政府和国际市场的担忧。进入21世纪以来，我国农业的发展形势非常好，粮食实现连续11年增产。如图1－1所示，水稻产量由2003年的1.61亿吨增长到2014年的2.06亿吨，年均增长率为2.3%。小麦产量由2003年的0.86亿吨增长到2014年的1.26亿吨，年均增长率为3.5%。然而，在水稻和小麦产量保持增长的形势下，我国水稻和小麦的进口量和库存量也同时在增加。如图1－2所示，水稻进口量在2012年之前基本保持在50万吨以内，但是2012年进口量迅速增加到236.9万吨，并且之后几年一直维持在200万吨以上的进口量。小麦进口量波动幅度比较大，但是从2010年开始呈现显著的上升趋势，在2014年有所下降。此外，库存量在2008年以后逐年增长，2015年水稻、玉米和小麦库存量达到2.3亿吨。我国水稻产业出现了所谓的产量、进口量和库存量“三量齐增”的局面，进口水稻挤占国内水稻市场份额，形成“国货入库，洋货入市”的局面，并且随着库存量的增加，库存“堰塞湖”风险不断提高，这引起我国政府和国际市场的担忧。

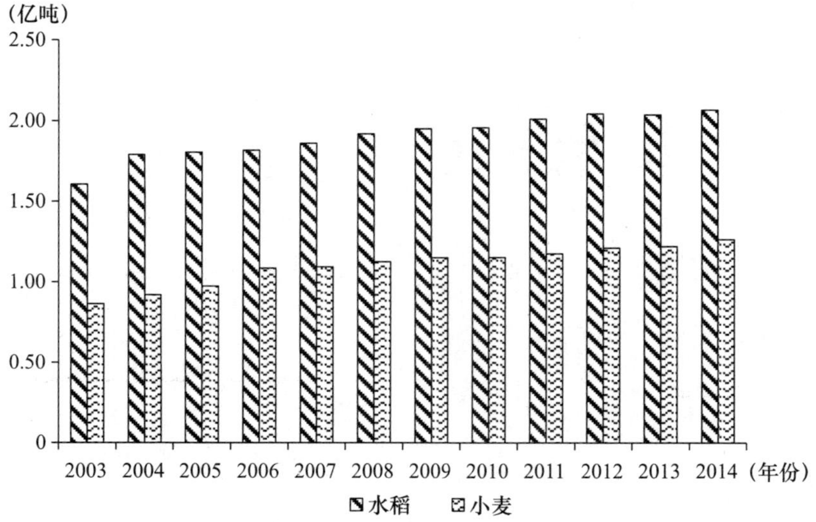

图 1-1　2003~2014 年我国水稻和小麦产量

资料来源：《中国统计年鉴》(2015)。

粮食产业缺乏竞争力是造成以上问题的关键。作为农产品生产、消费与贸易大国，我国农产品在国际市场上一直具有成本优势。劳动力资源丰富、成本低廉是主要原因（史纪新，2005）。但是近年来国内外环境发生了深刻的变化，一方面由于近年来国际市场农产品价格下跌，人民币对美元汇率升值以及国际石油价格暴跌引发的贸易运输成本下降，国际市场水稻价格天花板不断下移（陈锡文，2015）；另一方面由于我国规模细小且分散经营的农户的物质投入要素成本迅速攀升，劳动力机会成本升高以及土地成本显现（黄季焜和马恒运，2000），加之 2004 年以来实施并且逐年提高的小麦和水稻最低收购价格政策，导致国内水稻价格地板接近甚至顶破国际价格天花板，如图 1-3 所示，农产品竞争力下降。

中央政府鼓励有条件的地区积极稳妥推进适度规模经营，提高粮食产业竞争力。我国农业人口人均耕地面积 2 亩多，是世界上最小的，大约是美国的 1/200、阿根廷的 1/50、巴西的 1/15、印度的 1/2（韩长赋，2015），并且在 1990 年之前，我国人均经营规模呈现下降趋势（麻吉亮，2015）。近年来，随着工业化、城镇化发展，农村劳动力大量向非农产业转移，并且农业物质装备水平不断提高，为农户扩大经营规模创造了条件。中央政府因地制宜、因时制宜，鼓励有条

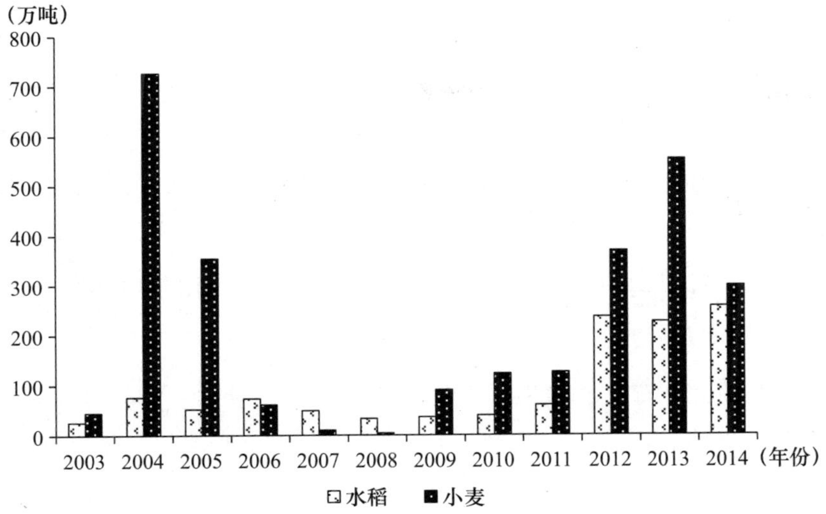

图1-2 2003~2014年中国大米和小麦进口量

资料来源：《中国统计年鉴》(2005~2015)。

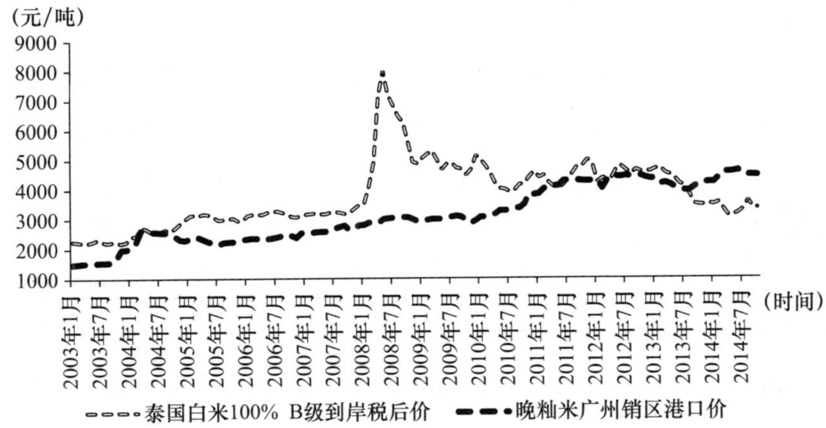

图1-3 国内外大米价格比较

资料来源：倪洪兴在农业部国际农业监测体系会议上的报告。

件的地区积极稳妥地推进适度规模经营，并且取得了显著成效。尽管我国农业经营的户均规模由1997年的10亩下降①到2014年的7亩，但是，农业生产主体经

① 1997年的数据来自我国第一次农业普查相关数据。

营规模结构发生了巨大变化，粮食生产主体经营规模呈现分化的趋势（周应恒等，2015；张红宇，2015），适度规模经营主体数量不断上升，土地正在向适度规模农户集中，其经营面积比重不断提高。截至 2013 年底，家庭农场、专业大户等新型经营主体数量达到 155. 9 万个，经营面积达到 3. 1 亿亩，占全国耕地面积的 20. 7%（张红宇，2015），平均规模是普通农户的 28 倍①。2014 年全国农村土地经营权流转面积达到 4. 03 亿亩，占家庭承包耕地面积的 30. 4%，全国经营面积在 50 亩以上的农户数超过 341 万户（韩长赋，2015）。

根据生产理论，经营规模扩大能够实现规模经济，降低农业生产成本。生产者的平均成本曲线呈现“U”型，即随着规模的扩大，平均成本呈现先下降后上升的趋势（Loyland and Ringstad，2001；MacDonald et al.，2007）。Alvarez 和 Arias（2003）以及 Sumner（2014）进一步指出农业生产的平均成本曲线可能呈现“L”型，在农户规模较小的阶段，平均成本随着规模的扩大快速下降之后基本保持在较低的水平，这种“L”型成本曲线在种植业和养殖业均得到了验证（Vlastuin et al.，1982；McLemore et al.，1983）。许庆等（2011）在对我国春小麦、冬小麦、早籼稻、中晚籼稻、粳稻和玉米等粮食作物研究的基础上，认为只有粳稻生产存在规模报酬递减的情况，即从事规模经营并没有降低单位产品的成本，其余作物扩大经营规模均能够降低单位产品成本。李文明等（2015）基于全国水稻种植户调查数据分析认为，当经营规模超过 80 亩时，单位产品总成本显著下降。

农户降低单位产品成本主要通过两条路径实现。Tauer 和 Mishra（2006）指出，随着规模的扩大，农户通过降低前沿成本（Cost Frontiers）和效率损失成本（Cost Efficiency）两条路径实现单位成本下降。Maietta（2000）以及 Mosheim 和 Lovell（2009）研究发现效率损失成本占生产总成本的 60% 以上，并且通过实证数据分析表明效率损失成本下降是美国和意大利大规模奶牛养殖户成本优势的源泉。我们通常所说的“U”型或者“L”型单位平均成本曲线是假设不存在效率损失，是有“效率”的前沿成本，反映了个体在技术和要素价格给定的情况下

① 根据数据显示，粮食新型经营主体的平均规模为 198. 8 亩，我国普通农户的户均规模为 7 亩，所以新型经营主体的面积是普通农户的 28 倍。

可能达到的最小成本，但是实际上由于受到生产环境（气候或地形）的限制，或者农户个人经营管理能力差异的影响，农户的实际成本可能因为效率损失而高于前沿成本（MacDonald et al.，2007）。Kumbhakar（1993）认为小规模农户相对于中等规模和大规模农户更没有效率，利润较低，但规模报酬更高。许庆（2013）指出效率差异是造成我国粮食生产全要素生产率区域之间和农户之间差异的最主要因素。

效率损失成本可以进一步分解为技术效率损失成本和配置效率损失成本。技术效率损失成本是指农户未能利用尽可能少的投入要素生产给定的产量而造成的成本损失；配置效率损失成本是指农户未能找到最佳的投入要素组合而造成的要素扭曲配置的成本损失（Mosheim and Lovell，2009）。Atkinson 和 Cornwell（1994）认为在提高成本、改变要素投入方面，配置非效率比技术非效率贡献更大。Kumbhakar（1993）认为能够有效配置投入与产出的农户在市场竞争中具有更多的存活机会。Paul 等（2004）认为大规模农场比小规模农场更富有生产力和效率。但是，Maietta（2000）通过影子成本函数将成本非效率分解为技术非效率和配置非效率，发现随着规模的扩大，配置非效率下降，但技术非效率上升，并且技术非效率是导致成本非效率的主要原因。Mosheim 和 Lovell（2009）研究发现，随着规模的扩大，技术效率损失和配置效率损失成本均呈现下降趋势，但配置效率损失的成本相对更高。许庆（2013）指出，造成我国配置效率低下的主要原因是要素投入结构不合理，资本和劳动投入均过量，土地投入不足，但是这种非最优化的资源配置结构并不完全是农户的非理性决策，有其客观原因；农业生产技术的可得性、对技术的接受能力是影响技术效率的主要因素。

如图 1－4 所示，曲线表示农户生产的前沿成本，但是，实际生产过程中，由于效率损失的存在，农户 A 和农户 B 的生产成本高于前沿成本，实际成本距离前沿成本的距离即为效率损失成本。当然，效率损失成本可以进一步分解为技术效率损失成本和配置效率损失成本。

降低粮食生产成本、提高粮食产业国际竞争力是我国农业发展以及农业政策的主要目标。2004 年我国开始实施小麦和水稻的最低收购价格，最初早籼稻的最低收购价格大约是 0.7 元/斤，但是 2014 年早籼稻的价格涨到了 1.35 元/斤，增长幅度达到 91%；中晚籼稻的最低收购价格由 2004 年的 0.72 元/斤增长到

2014 年的 1.38 元/斤，增长了 92%；粳稻的最低收购价格由 2004 年的 0.75 元/斤增长到 2014 年的 1.55 元/斤，粳稻最低收购价格增长幅度达到 100%。花麦和白麦的最低收购价格由 2004 年的 0.69 元/斤和 0.72 元/斤都增长到 2014 年的 1.18 元/斤，大约上涨了 60%①。粮食收购价格逐年增长是中央政府综合考虑农业投入要素价格上涨所推动的生产成本上涨以及增加亿万小规模农民收入的结果。但是，最低收购价格政策逐渐演化为收入补贴政策，价补合一扰乱了市场价格形成机制。此外，近几年我国水稻生产主体经营规模结构发生了显著变化，这可能影响到我国水稻产业实际的国际竞争力。

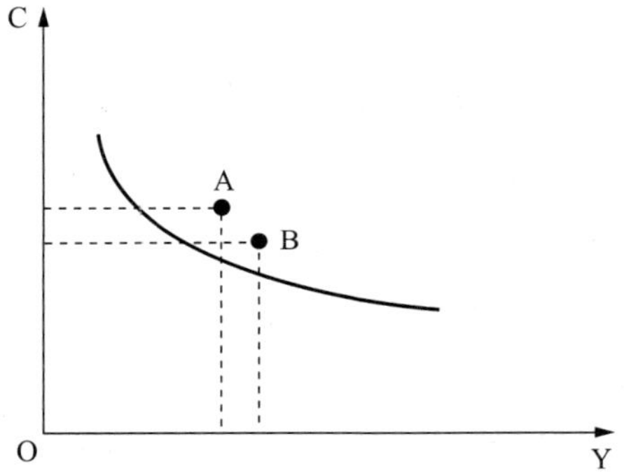

图 1-4　经营规模与成本的关系

那么，在这一背景下，有必要对经营规模与水稻生产成本的关系进行研究，分析适度规模经营主体相对于小规模经营主体是否具有成本优势？土地由小规模流向适度规模经营主体的结构变化能否为调整水稻价格支持政策提供契机？在生产成本随着经营规模变化的过程中，种子费、化肥费、农药费等物质与服务费用，人工成本以及土地成本等成本结构将会如何变化？农户在实际生产过程中，可能因为存在效率损失而导致要素投入与配置并没有处于最理想的水平，已有研究表明效率损失成本在农户生产成本中的比重高达 50% 以上（Maietta，2000；

① 这部分数据主要来源于中央财经领导小组办公室副主任、中央农村工作领导小组成员兼办公室主任陈锡文的讲话。

Mosheim and Lovell，2009），因此，随着农户经营规模的扩大，前沿成本、技术效率损失成本和配置效率损失成本在生产总成本中扮演何种角色以及变化趋势如何？

此外，大量已有研究表明，效率损失成本与经营规模之间呈现稳定的负向关系，即大规模农户对应着较低的效率损失成本而小规模农户对应着较高的效率损失成本（Kumbhakar，1993；Maietta，2000；Taue and Mishra，2006；Mosheim and Lovell，2009）。美国、欧洲各国以及日韩等不同人地资料禀赋的发达国家农户经营规模与效率损失成本呈现负向关系是因为，发达国家农业技术设施条件以及农技推广体系相对成熟，并且随着农业技术不断进步以及人口增长速度减缓，农产品出现供过于求的现象，农产品市场均衡价格面临下降压力，大规模农户十分注重经营管理能力的培训，甚至会聘请专业的人员对农场进行管理，随着管理者经营管理能力的增强，他们又需要通过经营更大的规模来施展他们的才能（Sumner，2014）。此外，欧美日等发达国家农业经营的基础设施相对完善，农业社会化服务体系以及农民培训体系相对成熟。

美国、欧洲各国以及日韩等不同人地资料禀赋的发达国家农业经营结构是在以上背景下逐渐演化而成。与发达国家不同的是，我国耕地属于集体所有，农户没有购买和销售耕地的权利，只能通过租赁的形式实现短期流动，耕地的羁绊阻碍了农村人口向城市迁移，进一步限制了耕地的流动（Carter，2011）。近年来由于我国水稻生产成本推动粮价不断攀升，顶破国际价格天花板，国际竞争力下降，水稻产业出现产量、进口量和库存量“三量齐增”的局面。为了提高水稻国际竞争力，在工业化和城镇化迅速发展的背景下，中央政府创造性地提出将耕地所有权、承包权和经营权“三权”分离，鼓励各地区因地制宜，积极稳妥推进耕地经营权流转，实现适度规模经营，并且通过补贴的形式，重点支持经营规模是当地规模10～15倍的农户，我国适度规模经营取得显著成效。但是，由于我国农民培训和农技推广项目以及要素市场化改革等没有相应跟进，由小规模农户迅速扩张而成的适度规模户可能仍然遵循着从事小规模生产的理念与方式。一方面，他们可能仍然按照以往生产经验过量投入资本、化肥、农药以及劳动等要素，资源配置效率低下（Fan，2000；Wu，2011；农业部，2015）；另一方面，他们对新技术、新设备的接受能力有限，加之相关配套基础设施建设不完善，技术效率不高（许庆，2013）。因此，小规模农户短期内数倍扩张经营规模可能导致其效率水平与其经营规模并不匹配，从而无法实现降低成本、提升竞争力的目标。Alvarez 和 Arias（2003）、Lund 和 Hill（1979）研究发现农户经营效率水平与其经营规模不匹配可能导致单位产品成本上升，甚至抵消规模扩大所带来的前沿成本下降的积极效应。那么，这种经营规模与效率损失水平不匹配的现象是否会对我国水稻生产成本造成负面影响呢？

上述问题既是政府部门完善适度规模经营政策以及调整水稻产业支持政策所关心的实际问题，也是本书所要回答的科学问题。

1.1.2 研究意义

本书的理论意义主要体现在以下三个方面：

一是关于各投入要素成本结构与农户经营规模的关系，一方面，由于家庭联产承包责任制实施以来一直秉承平分土地的思想，农户经营规模差异不是很大；另一方面，由于缺乏相对权威的成本数据，尤其是微观农户数据，所以，鲜有研究关注这一问题。在适度规模经营取得显著成效的背景下，已有研究表明经营规模和生产成本可能呈现“U”型或者“L”型关系，本书的理论意义在于厘清我国水稻的经营规模与生产成本的具体关系。

二是农户在实际生产过程中，由于效率损失的存在，各项要素投入很难处于最佳水平，因此，效率损失成本成为生产成本的重要组成部分，降低效率损失成为降低我国粮食生产成本的重要途径。关于前沿成本、技术效率损失成本和配置效率损失成本与经营规模的关系，大量学者对美国、欧洲等国家农业部门进行了分析，然而，针对正在经历着经营规模结构剧烈变化并且粮食国际成本优势逐渐丧失的中国，很少有文献分析经营规模结构变化对其降低粮食生产成本、提升国际竞争力的作用。本书的另一理论贡献是进一步分析经营规模与生产成本的三个构成部分，即前沿成本、技术效率损失成本和配置效率损失成本的关系。

三是由于我国农民培训和农技推广项目以及要素市场化改革等发展显著滞后于经营规模结构变化的速度，因此，小规模农户迅速扩张而成的适度规模户可能仍然遵循着从事小规模生产的理念与方式，导致其效率水平与其经营规模并不匹配，从而无法实现通过扩大经营规模降低生产成本的目标。效率损失水平是农户经营能力的综合体现。鲜有研究关注经营规模与效率损失水平不匹配对农户粮食生产成本的影响。本书还对经营规模与效率损失水平不匹配对生产成本的可能影响进行了探讨。

本书的现实意义主要体现在以下两个方面：一是通过对经营规模与生产成本关系的分析，可以对水稻价格支持政策调整以及水稻竞争力的提升具有政策参考意义；二是通过对经营规模与效率损失水平不匹配对生产成本影响的探讨，可以为我国更好地鼓励适度规模经营提供政策参考。

1.2 研究目标

本书研究的总目标是分析适度规模经营对我国水稻生产成本的影响程度、影响机制，从而为完善适度规模经营政策、调整农产品价格支持政策提供参考。具体而言，主要有以下三个目标：

目标一：基于农户微观数据，分析随着农户经营规模的扩大，农户生产成本以及各投入要素成本结构的变化趋势，找到我国水稻生产成本与其他主要竞争国家的具体差异。

目标二：由于效率损失的存在，农户要素投入与配置很难达到最佳的水平。本书将分析随着农户经营规模的扩大，前沿成本、技术效率损失成本和配置效率损失成本在总成本中扮演的角色以及变化趋势，进一步深化经营规模与生产成本的内涵。

目标三：农户生产效率损失水平是经营能力的综合体现。农户生产效率水平与农户经营规模之间存在一定的对应关系。由于我国经营规模扩张十分迅速，而农民培训以及要素市场化改革相对滞后，可能导致效率损失水平与经营规模不匹配的现象。本书将从动态角度分析经营规模与效率损失水平（农户经营管理能力的综合体现）不匹配对农户水稻生产成本的影响。

1.3 研究假说

假说1：土地规模扩大，单位产品成本呈现“U”型，并且生产成本结构发生变化。

假说2：农户经营规模扩大，单位产品前沿成本由于流转土地的交易费用上升而上升，但效率损失成本呈现下降趋势，其中，技术效率损失和配置效率损失成本均呈现同样的下降趋势。

假说3：效率损失水平与经营规模不匹配将降低农户扩大经营规模所带来的成本优势。效率损失较低的农户扩大经营规模，其单位产品成本更具有优势。

1.4 研究内容

1.4.1 我国农户经营规模分布变化趋势及经营规模相关政策梳理

经营规模受到政策、技术进步、市场竞争环境、非农产业发展以及农民经营管理能力的影响。新中国成立以来，我国农业政策、农业技术条件、经济发展环境以及农民经营管理能力发生了显著的变化，我们将在此背景下通过收集相关农业普查数据以及国内外文献，描述我国农户经营规模分布变化的特征以及影响经营规模分布的相关政策。麻吉亮（2015）研究发现，2003 年之前我国户均规模呈现下降趋势，由 1978 年的 13.83 亩下降到 2003 年的 7.92 亩，2004 年后呈现小幅上涨趋势，其中水稻户均经营规模上涨幅度超过小麦。

1.4.2 经营规模与粮食生产成本结构

官方关于粮食生产成本的统计主要包括物质与服务费用、人工成本和土地成本三大项，其中物质与服务费用又包括种子费、化肥费、农药费、农膜费、机械作业费、排灌费、燃料动力费、技术服务费、工具材料费、维护修理费、其他直接费用以及固定资产折旧、保险、管理费、财务费和销售费等间接费用；人工成本包括家庭用工折价和雇工费用；土地成本包括自营地折租和流转地租金。

首先，本节将基于《农产品成本收益资料汇编》微观农户调查数据，在综合考虑人工成本和土地成本可能低估的情况下，采用雇工价格替代家庭用工工价，分析随着农户土地规模的扩大水稻生产成本结构的变化趋势。

其次，我国粮食生产成本过高可能与各要素的不合理配置有关，本节将通过生产函数回归结果计算化肥、机械、土地和人工等要素的边际产品价值，将其与要素的市场价格进行比较，如果边际产品价值低于要素价格，表明该要素存在过度使用问题，反之亦然；从而初步判断我国农户要素使用技术效率和配置效率状况。

最后，以上分析只是基于国内相关数据进行分析，然而竞争力是一个相对的概念，本书将我国粮食生产的成本结构与我国粮食主要进口国的生产成本结构进行比较，找到我国粮食生产的薄弱点。2014 年我国进口水稻 257.9 万吨，其中，从越南进口 135.2 万吨，占 52.4%；从巴基斯坦进口 75 万吨，占 29.1%，从泰国进口 40.7 万吨，占 15.8%。本书将着重比较我国与越南、巴基斯坦和泰国的水稻生产成本结构。对于小麦，主要比较我国与美国和欧盟国家小麦成本及其结构的差异。

1.4.3 经营规模与水稻生产成本分解

国外相关研究表明，生产成本可以分解为前沿成本和效率损失成本，效率损失成本可以进一步分解为技术效率损失成本和配置效率损失成本。不同的成本损失具有不同的政策内涵。对生产成本进行分解的方法主要有影子价格法、贝叶斯法以及原始系统法（A Primal System Approach）。影子价格法应用较为广泛，但是需要使用复杂的非线性似不相关回归方法，目前文献中也没有具体的操作方法，因此本节将使用 Kumbhakar 和 Wang（2006）推荐的原始系统方法，计算不存在效率损失时的前沿成本、仅存在技术效率损失的成本、仅存在配置效率损失的成本以及技术效率损失成本和配置效率损失成本。并且分析各项成本在生产总成本中所扮演的角色以及随着经营规模的变化而呈现的变化趋势。在具体实证过程中，主要聚焦于对水稻生产成本进行分解。

1.4.4 经营规模与效率损失水平不匹配对农户水稻单位生产成本的影响

效率损失成本是我国水稻生产成本的重要构成部分。相关文献的研究结论显示，随着农户经营规模的扩大，农户单位产品效率损失成本会下降，从而降低水稻单位总成本，提高水稻国际竞争力。基于上面的分析内容，我们也有可能得到以下两点结论：一是随着规模的扩大，我国水稻单位产品生产成本可能呈现下降趋势；二是经营规模与效率损失成本之间可能呈现规律性的对应关系，即随着经营规模的扩大，效率损失成本下降。那么，该研究结论的启示是我国通过推进适度规模经营可以降低水稻生产成本，从而提升水稻国际竞争力。但是，“推进”一词已经表明这种规模结构的演变有行政因素的干扰，相关数据也已经证明近几年我国适度规模经营发展非常迅速，但是，我国相关农民培训项目、农业生产的基础设施建设、要素市场化改革等方面没有相应跟进，这可能导致农户效率水平（经营管理能力的综合体现）滞后于规模扩张的速度，即可能存在农户经营规模扩大但是效率损失水平没有相应提升，经营规模与效率水平不匹配的现象。从实证的角度来看，我们可以假设：当前存在经营规模完全相同的两个农户，但是，其效率损失水平存在差异，如果这两个农户同时扩大经营规模，那么，效率损失水平相对较低的农户可能更有能力高效地使用现有的技术，同时资源配置的效率也可能更高，扩大经营规模可以使其单位产品成本下降的幅度更大。反之，效率损失水平相对较高的农户扩大经营规模可能引起较小的成本降幅，甚至单位产品成本不降反升。该章节将对这个问题进行实证验证，实证结果的可能政策内涵是中央政府在推进适度规模经营的进程中，在改革初期，应该注重对农户的甄别，选择效率损失水平相对较低的农户；与此同时，应该加强农民培训、要素市场化改革，不断降低农户效率损失水平。

1.5 研究方法与数据来源

1.5.1 研究方法

为了达到研究目标，本书综合运用了比较分析法、统计分析法以及实证分析法对农户经营规模与水稻生产成本的关系进行分析，并且通过合适的实证分析法将生产成本分解为前沿成本、技术效率损失成本以及配置效率损失成本，并且分析经营规模与效率损失成本不匹配状况对农户生产成本的影响。具体如下：

（1）比较分析法。在本书的第3章和第4章，我们将运用比较分析法进行分析。其中，在第3章，我们将比较不同时间段，我国农户经营规模的变化趋势，比较各个阶段中央政府对农户经营规模调整的相关政策差异以及水稻生产成本的变化趋势。种子费、化肥费、农药费、人工成本、土地成本等是水稻生产成本的构成部分，第4章通过运用比较分析法，将我国水稻生产成本结构与泰国、越南、巴基斯坦等我国主要竞争对手的成本结构进行比较，找到我国水稻生产成本的劣势所在。

（2）统计分析法。在本书的第3章和第4章中，我们同样将用到描述性统计分析法。对于我国农户经营规模随时间的变化趋势，我国水稻生产成本随时间的变化趋势以及种子费、化肥费、农药费、人工成本、土地成本等各项成本结构随经营规模变化的趋势，本书将通过图、表等描述性统计方法进行分析。

（3）实证分析法。在本书的第4章、第5章和第6章，一些相对比较合适的计量经济模型将被使用。其中，第4章将通过估计农户的C－D生产函数来计算化肥、土地、人工等要素的边际产品价值，并且将边际产品价值与其对应的要素价格进行比较，从而判断相应的要素是否存在过度投入现象。在第5章，本书将使用原始系统法（Primal System Approach）将农户生产成本分解为前沿成本、技术效率损失成本和配置效率损失成本，进而分析这三种成本在水稻生产成本中所扮演的角色以及随着经营规模的变化而呈现出何种变化趋势。在第6章，我们首先将基于第 5 章中的原始系统法计算农户的技术效率、配置效率以及成本效率，进而通过使用两阶段回归方法分析经营规模与效率损失水平不匹配对农户水稻生产成本的影响。

1.5.2 数据来源

农户微观数据：江苏省物价局微观调查数据。江苏省是仅次于湖南省、黑龙江省和江西省的第四大水稻种植区，2014 年水稻产量为 1912 万吨，占全国总产量的 9.3%。此外，江苏新型农业经营主体发展迅速，截至 2013 年底，全省家庭农场和专业大户等新型农业经营主体达到 25.08 万户，共经营面积 1532 万亩，大约占耕地总面积的 21.4%。Fan（2000）指出江苏省是中国最发达的地区之一，在村级、乡镇一级、县级、市级以及省级都有接受过良好培训的调查人员，调查数据质量较高。江苏省每年在全省 13 个市选择 300 多户进行跟踪调研，近几年随着适度规模经营的发展，规模户样本比重有所提升。本书将使用 2013 年和 2014 年两年的农户微观调查数据进行分析，其中，第 5 章使用 2014 年江苏省水稻和小麦的数据进行分析，第 6 章使用 2014 年水稻数据进行分析，而第 7 章使用 2013 年和 2014 年的数据进行分析。

宏观数据：中央及地方出台的各项相关文件；相关文献、《中国统计年鉴》、世界农业普查数据库、中国农业普查数据库。

1.6 技术路线与本书结构安排

1.6.1 技术路线

技术路线如图 1－5 所示。

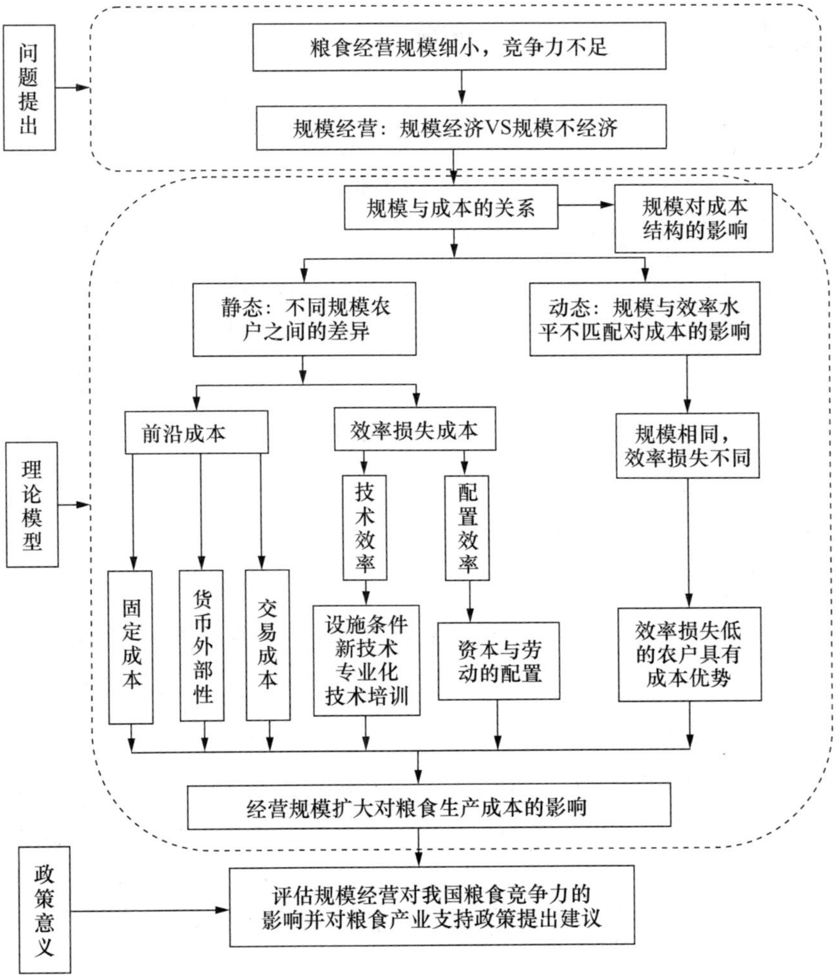

图1-5 技术路线图

1.6.2 本书结构安排

第1章导言。本章首先阐述本书研究的背景与研究意义并且提出研究的科学问题，在此基础上提出研究目标。根据研究问题与研究目标进行机制梳理与分析，进而提出研究假说与主要的研究内容。在确定研究目标、研究假说与主要研究内容的情况下，寻求合适的研究方法与数据。最后阐述本书研究的创新之处与可能的不足之处。当然，该部分还包括本书研究的技术路线图。

第 2 章理论基础与文献综述。第 2 章主要聚焦于理论基础与文献综述。本书的理论基础是规模经济理论与经济效率理论两个部分。文献综述紧扣经营规模与生产成本展开。首先综述农户经营规模的决定因素；其次综述经营规模对农业生产的影响，主要包括经营规模对农户技术采纳的影响，经营规模对农户技术效率的影响，经营规模与农户配置效率的关系，经营规模与农户生产成本的关系；最后对相关文献进行述评，提出现有研究的不足以及自己研究可能的创新之处。

第 3 章经营规模演化趋势与我国种植业发展。第 3 章主要从四个方面展开。首先，我们将归纳不同资源禀赋发达国家经营规模的演化趋势，选择人少地多的美国、人地适中的法国、人多地少的日本和韩国进行分析。如果不同资源禀赋发达国家农户经营规模均呈现同样的发展趋势，那么，我国农业现代化进程中可能也将遵循该种趋势。其次，我们将通过相关数据描述从新中国成立初期到当前阶段我国农户经营规模结构的演化趋势。再次，我们将通过归纳相关政策文件，梳理相关文献，描述我国针对农户经营规模的相关政策措施，厘清经营规模变化的内在原因。最后，我们将根据我国不同农产品的特征，描绘人多地少的中国未来种植业可能的发展方向。

第 4 章经营规模与粮食生产成本演化趋势及影响机制。第 4 章将首先分析经营规模变化对农业生产成本及其结构的影响机制。其次本章还将分析水稻和小麦生产成本及其结构的变化趋势与特征。最后因为我们的微观数据主要来源于江苏省，实证内容是以江苏省作为研究案例，我们将介绍江苏省农业与水稻生产的相关情况以及现代适度规模经营主体发展的趋势。

第 5 章农户经营规模、粮食生产成本结构及国际比较。第 5 章将进入实证分析部分，这一章将采用描述性统计分析方法、对比分析方法以及实证分析方法展开分析。首先，我们计算生产每千克水稻的种子费、化肥费、农药费、机械作业费、灌溉费、其他直接费用、其他间接费用、人工成本（分家庭用工和雇工）以及土地成本，然后分不同规模组别进行分析。在该部分中，由于调研数据对家庭用工和雇工采用不同的工价，对自营地和流转地也采用不同的租金，结合江苏省的实际情况，雇工和家庭用工的工价并没有显著的差异，所以，我们统一使用雇工工价作为劳动要素的工价，使用流转地租金作为土地的成本进一步进行分析。其次，由于农户在要素投入和配置过程中可能存在效率损失不能达到最优的水平，从而造成效率损失，该部分将通过计算并比较投入要素的边际产品价值与要素价格，判定要素投入的扭曲程度。最后，该部分将我国水稻成本结构与越南、泰国和巴基斯坦等主要竞争对手的成本结构进行比较，找到我国水稻生产成本的劣势环节。此外，由于江苏省是传统的稻麦轮作区，我们也将对小麦的生产成本及成本结构与经营规模的关系进行分析。

第 6 章经营规模与水稻生产成本分解：前沿成本与效率损失成本。由于农户在要素使用决策过程中存在效率损失，并且效率损失的成本在生产成本中的比重达到60%以上。所以，第 6 章主要从效率损失的视角，采用原始系统方法将水稻生产成本分解为前沿成本（没有效率损失的成本）和效率损失成本（包括技术效率损失成本和配置效率损失成本）。本章主要聚焦于描述前沿成本、技术效率损失成本和配置效率损失成本在水稻生产成本中所扮演的角色，并且随着经营规模的变化，这三种成本的变化趋势。分析不同的效率损失成本在生产总成本中所扮演的角色将对调整我国水稻产业政策产生不同的启示。

第 7 章经营规模与效率水平不匹配对水稻生产成本的影响。以往针对欧美发达国家的研究结果显示，效率损失水平与经营规模之间呈现稳定的负向关系。这是由于欧美国家农业基础设施相对完善，农技推广服务健全并且十分注重农民的培训。但是，我国农户经营规模的扩张是在水稻国际竞争力下降的背景下，政府部门通过相关鼓励措施而迅速发展的，而农民培训项目、要素市场化改革以及相关配套措施可能滞后于经营规模扩张的速度，这样可能导致农户经营规模与效率损失水平不匹配。本章正是在此背景下开展的，因为效率损失水平本质上衡量的是一系列未包含在生产函数或者成本函数中的变量对农户产量或生产成本的综合影响，但是在随机前沿模型中效率损失水平可能还包含了测量误差，一旦测量误差与生产函数中的解释变量相关，估计结果将产生偏误（Alvarez and Arias，2003）。Greene（2000）以及 Alvarez 和 Arias（2003）认为可以使用效率值的排序作为效率水平的工具变量，因为测量误差虽然可以改变效率值，但是不能改变其排序，而且效率值的排序只与那些对农户产量或者生产成本产生影响但未被包含在函数模型中的变量相关，与测量误差无关。因此，根据 Greene（2000）以及 Alvarez 和 Arias（2003）的建议，本章使用两阶段最小二乘法评估农户经营规模与效率损失水平不匹配对农户水稻生产成本的影响。

第 8 章全书结论与政策建议。第 8 章主要对全书进行总结，根据相关结论，针对完善水稻价格支持政策以及如何积极、稳妥、有效推进适度规模经营提供政策启示。

1.7 可能的创新与不足

1.7.1 可能的创新

近年来，由于国内外环境发生深刻变化，我国水稻国际竞争力丧失，水稻产业出现产量、进口量与库存量“三量齐增”的现象，在此背景下，中央政府因时制宜、因地制宜，创新土地制度，提出通过积极、稳妥推进适度规模经营，实现规模经济，降低水稻产业生产成本。本书正是基于以上背景，通过微观农户层面的数据，分析适度规模经营主体相对于小规模农户是否能够获得成本优势，不同规模经营主体成本结构差异主要体现在哪里。本书的创新之处主要体现在以下几个方面：

第一，厘清经营规模与水稻生产成本之间的关系。本书是在我国农户经营规模结构正在经历剧烈变化的背景下，结合水稻产业所面临的现实问题而展开的，通过运用全国农产品成本调查的微观农户数据对经营规模与水稻生产成本进行分析，因此具有重要的现实意义与政策启示。此外，在核算粮食生产成本时，我们不仅要核算会计成本，还要估算机会成本。机会成本一般较难计算，幸运的是全国农产品成本收益数据包含了计算机会成本的详细数据。

第二，进一步分析经营规模与生产成本三个构成部分，即前沿成本、技术效率损失成本以及配置效率损失成本的关系。从效率损失的视角研究农户生产成本，尤其是区分技术效率损失和配置效率损失。通常情况下，我们讨论的“U”型或者“L”型平均成本曲线是未考虑效率损失的前沿成本曲线，而农户生产过程中投入要素使用将不可避免地存在技术效率损失和配置效率损失，并且效率损失成本占生产成本的比重较高。本书着重分析前沿成本、技术效率损失成本和配置效率损失成本在水稻生产总成本中所扮演的角色以及三类成本随着经营规模扩张而呈现出的变化趋势。现有研究大多分析经营规模与技术效率的关系，或者分析经营规模与生产成本的关系，没有研究从该视角切入，分析经营规模与生产成本的关系。

第三，考虑到我国水稻经营规模结构变化的特殊性，探讨经营规模与效率损失水平不匹配对生产成本的可能影响。我国经营规模结构是在特定条件下发生剧烈变化的，当前研究并没有考虑到我国经营规模扩张速度可能远远超过农户培训项目、要素市场化改革项目的进程，从而可能导致经营规模与效率损失水平不匹配的情况。本书通过两期面板数据模型，以农户初期效率损失排序作为工具变量，进一步验证农户效率损失水平无法与经营规模相匹配对单位产品成本的影响。

第四，使用更加科学合理的原始系统法分解水稻生产成本。原始系统法（Schmidt and Lovell，1979；Kumbhakar and Wang，2006）和成本系统法（Kumbhakar，1997；Fan，2000；Maietta，2000；Kumbhakar and Tsionas，2005；Mosheim and Lovell，2009）均被广泛用来分析并计算技术效率损失和配置效率损失。在成本函数模型中联合估计技术效率损失和配置效率损失将产生 Greene 问题，造成估计误差在理论上不一致并无法合理解释（Green，1980；Kumbhakar，1997；Kumbhakar and Tsionas，2005；Kumbhakar and Wang，2006；Mosheim and Lovell，2009）。Kumbhakar（1997）提出了系统成本法来解决 Greene 问题，但是估计该模型仍然存在几点无法解决的不足（Kumbhakar and Tsionas，2005；Kumbhakar and Wang，2006）。尽管 Mosheim 和 Lovell（2009）通过使用成本影子价格方法，扩展了成本系统模型。但是，这里将投入要素看作外生的是不合适的。因此，本书将使用 Kumbhakar 和 Wang（2006）提出的原始系统法（Primal System）来克服以上问题。估计原始成本法将更加直接，并且可以估计每个个体的技术效率损失和配置效率损失，并进一步计算技术效率损失和配置效率损失对成本的影响。

1.7.2 不足之处

当然，本书的研究也存在以下不足：

第一，本书研究的样本规模为300多户，虽然样本代表性很高，但是规模户样本比重较低，在未来的研究中可以进一步扩大样本容量。

第二，不同规模农户可能生产技术也不同，由于本书样本的限制，我们假设所有农户的技术是一样的，将生产成本差异归结为在相同技术条件下，前沿成本、技术效率损失成本和配置效率损失成本的差异。尽管社会化服务的普及可能降低这种负面影响，但是将所有农户放置在同一生产函数中进行实证分析可能影响结果。因此，不同规模农户可能采用不同的技术条件，从而影响农户的生产成本。这也是 Maietta（2000）以及 Mosheim 和 Lovell（ 2009）的研究所面临的共同问题。这将作为未来研究的一个方向。

第三，本书样本缺少农户地形、土壤质量、基础设施条件等指标。当然，因为本书研究的对象是江苏省，范围较小，在一定程度上可以假设这些因素的差异在统计意义上并不显著。但是，如果将样本范围扩展到更大区域则就需要考虑这些问题了。

第2章　理论基础与文献综述

对理论的掌握以及文献的阅读和归纳是高效开展研究工作的前提。为了更好地完成后续的研究工作，本章将从以下三个方面展开论述：第一部分是对经营规模、生产成本、前沿成本、技术效率损失成本和配置效率损失成本等相关概念进行界定，明确其在本书研究中的内涵和外延；第二部分是理论基础，简要回顾规模经济理论、经济效率理论等，为后续章节提供理论支撑；第三部分是国内外文献回顾以及简要的述评。

2.1　概念界定

2.1.1　经营规模

在农业经济学中，经营规模通常用销售额、产出数量、土地面积或者其他要素的投入数量表示，但是这些指标各有利弊，没有一种指标适合所有的问题。农户销售额数据容易受到不同时间价格的影响，并且不同产品之间也存在差异，比如果蔬的附加价值高于水稻产品。土地规模可以用于某种特定的种植业产品。对于特定的产品，还可以用投入要素的数量、产出数量或者产值表示经营规模。在生产理论中，经营规模还可以用增加值、净利润、总收益或者固定资产存量等指标表示，在工业企业中甚至可以使用资本存量和雇佣工人的数量表示（Sumner, 2014）。由于近年来中央政府鼓励的适度规模经营是指土地的适度规模，并且农业经济学界探讨种植业经营规模与农业生产各项指标的关系时大多选择土地规模指标，本书的研究对象为水稻这个品种，对象单一，所以选择土地规模作为经营规模的指标。

2.1.2 生产成本

成本包含经济成本与会计成本两种概念。近年来有关我国水稻生产土地成本、人工成本显性化的表述是从会计成本的角度来理解农业生产成本的。MacDonald 等（2007）指出在进行农业生产成本分析时，其成本是经济成本的概念，应该包含直接的现金支出以及间接成本，如经营者自己以及其家人付出的劳动，虽然没有以现金的方式支付工资，但是在核算成本时应该计算这部分成本。此外，经营者使用自有的机器设备的成本也应该核算在成本中。Mosheim 和 Lovell（2009）使用经营者自己及其家人付出劳动的机会成本核算奶牛养殖的经济成本。成本核算非常复杂，目前我国最权威的农产品生产成本核算数据是发展和改革委员会每年发布的《农产品成本收益资料汇编》，该数据用微观农户数据加权平均汇总成各地区的平均水平。数据包括我国种植业和养殖业主要产品的物质与服务费用、人工成本、土地成本、产量、产值等信息。其中，人工成本包括自用工折价和雇工费用两类；土地成本包括自营地折租和流转地租金两类；其他自有机器设备以折旧费计入物质与服务费用中。

2.1.3 前沿成本

前沿成本是相对于效率损失成本而言的，通常情况下我们所说的“U”型或者“L”型成本曲线指的是前沿成本，即在没有效率损失情况下生产前沿面所对应的成本，但是实际生产过程中农户不可能没有效率损失，所以，实际生产成本一般大于前沿成本。

2.1.4 技术效率损失成本

技术效率损失成本指的是在生产过程中由于技术效率损失而造成的要素多投入而产生的成本。在现有文献中，大多数文献是分析技术效率值，而很少有研究分析技术效率损失所带来的额外成本。

2.1.5 配置效率损失成本

配置效率损失成本指的是在生产过程中由于没有按照投入要素市场价格配置要素而造成的要素配置扭曲所带来的成本。计算配置效率损失成本涉及要素的价格等数据，所以，鲜有文献关注这方面。

2.2 理论基础

本书是基于农户行为理论，农户农业生产决策的目标是利润最大化，由于农户生产的特殊性，家庭用工和自有土地既是生产成本也是农户的收入。但是，基于政府粮食安全和提升水稻竞争力的目标，本书主要聚焦于水稻经营规模与生产成本之间的关系。

2.2.1 规模经济理论

经济学鼻祖亚当·斯密提出了规模经济理论，认为劳动分工和专业化生产通过提高效率水平降低单位产品生产成本。从定义上来看，规模经济理论是成本的概念。新古典学派把固定投资成本引入模型；新制度经济学派进一步引入交易费用。张晖明和邓霆（2002）指出规模经济有工厂模型和公司模型之分，工厂模型是从生产要素、生产方法以及技术条件等角度提出的，又称为生产技术规模经济；而公司模型是从经营管理角度提出的，又称为经营管理规模经济。《新帕尔格雷夫经济学大辞典》对规模经济做了权威性的定义，即在既定的技术条件下，生产一单位单一的或者复合产品的成本，如果在某一区间生产的平均成本递减，那么，可以说这里有规模经济（约翰·伊特韦尔，1996；许庆等，2011）。与规模经济概念接近的还有规模报酬的概念，胡代光和高鸿业（2000）对规模报酬的定义是，在既定技术水平下，当所有投入要素的数量发生同比例变化时产量的变化率，或者是各种生产要素按相同比例变化时所能得到的产量变化。许庆等（2011）指出规模经济与规模报酬这两个概念存在一定差异，直接等同容易造成研究结果的分歧和误解。规模经济不一定要求要素按照同比例变化，描述的是成本与规模之间的关系，而规模报酬描述的是生产要素投入与产量之间的关系（许庆等，2011）。Rasmussen（2012）同样指出规模报酬是一个技术概念，他描述的是投入要素数量和产量之间的关系，而规模经济是一个经济概念，描述的是生产成本与规模之间的关系。李谷成等（2009）指出规模经济与微观经济学中一般将所有要素投入按同一比例同时增减所产生的规模收益变化的含义不同，由于土地的相对固定性，农业生产中所有投入要素按同比例变化基本不可行，该定义有曲解规模经济之嫌疑。本书所指的规模经济是假定技术水平一定的条件下，单位水稻生产成本随土地规模扩大而下降。

图 2－1 描绘了规模经济和规模不经济的情况。该图包含了三个部分：第一部分是小规模阶段，单位平均成本随着规模的扩大而降低；第二部分是平均成本随着规模扩大保持不变；第三部分是规模不经济阶段，平均成本随规模扩大呈现上升趋势。但需要指出的是成本曲线一般假定为不存在效率损失的前沿成本（Frontier Cost），表示在技术和要素价格给定情况下，生产者能够取得的最小成本（MacDonald et al.，2007）。但实际生产中，由于效率损失，观测到的成本一般会超过前沿成本。一方面是某些投入要素或者技术装备是非规模中性的，如拖拉机、种植机械或者畜禽养殖的固定资产投资以及管理能力（Sumner，2014），无法灵活调整从而达到前沿成本的要求；另一方面是经营环境的影响或者经营者自身经验的匮乏。

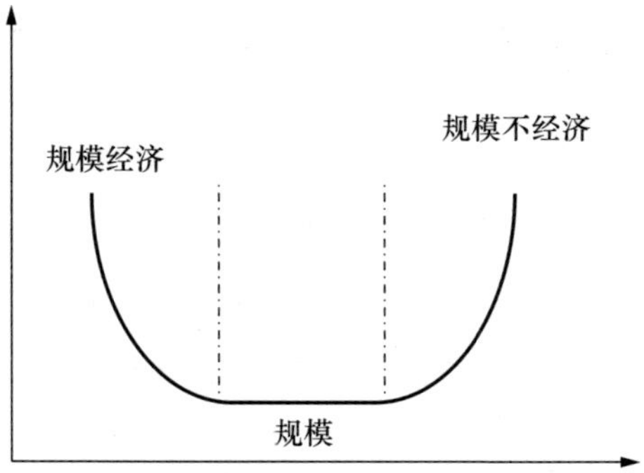

图 2－1　规模经济与规模不经济示意图

规模经济与规模报酬是相互联系又相互区别的两个概念，我们需要特别注意。规模报酬是一个技术的概念，描述的是投入要素和产量之间的关系，即投入要素按照同比例变化后产量的变化幅度。对生产函数 $y=f(x_1, x_2, \cdots, x_n)$，如果投入要素按照同比例扩大 λ 倍，则有 $f(\lambda x_1, \lambda x_2, \cdots, \lambda x_n) = \lambda^s f(x_1, x_2, \cdots, x_n)$，s 为规模报酬系数，如果 $s>1$，这成为规模报酬递增；如果 $s=1$，则规模报酬不变；如果 $s<1$，则规模报酬递减。

规模经济是一个经济的概念，描述的是生产成本随着规模的增加而下降的现象。规模报酬递增是产生规模经济的原因，但是规模经济并不意味着一定是规模报酬递增。本书分析的是经营规模与水稻生产成本的关系，是基于规模经济的理论。但是，一般规模经济理论所讨论的是经营规模与生产总成本的关系，本书将生产的总成本进一步分解为前沿成本、技术效率损失成本和配置效率损失成本三个部分进行分析。

2.2.2 经济效率理论

研究农户生产的经济效率需要与农业生产的技术进步区别开来。投入与产出之间的技术关系被定义为农业生产的技术进步，比如新品种的使用、技术的进步将会改变农户生产的前沿面，这种关系由生产函数定义，在研究经济效率理论时，我们假定是在技术关系相同的情况下，即在同一生产函数框架下。经济效率水平指的是在同一生产函数框架下农户的效率水平。

经济效率的概念有帕累托效率、新古典经济学中的非效率、莱宾斯坦的 X 非效率、新制度经济学的非效率以及实证研究中出现的效率概念，它们之间既有联系又有差异，但是基本内涵保持一致，即“资源的不浪费”。而本书中的经济效率主要指的是实证研究中出现的效率概念，Farell（1957）以及 Fare 和 Lovell（1978）等是这个领域的先驱者。

经济效率分为生产效率、成本效率和利润效率（Kumbhakar and Lovell, 2000）。图 2－2 描绘了成本效率的测算与分解方法。成本效率是指在技术水平和产出水平一定的情况下，最小成本与观测到的实际成本的比值（Kumbhakar and Lovell, 2000）。在该图中，使用曲线 L（Y）表示等产量曲线，X^A 是实际生产点，产出水平为 Y，$W^A X^A$ 是实际生产成本。成本效率为最小生产成本和实际生产成本的比值，成本效率值在0和1之间。成本效率可以进一步分解为技术效率和配置效率。其中，由于技术效率存在损失，实际生产点高于前沿面，λ^A 为技术效率值。但是最小生产成本为 W^AX^E，而不是 λ^AX^A，因为生产者还存在配置效率损失，即生产者的边际技术替代率与要素投入价格之比不相等，主要是由于要素相对价格的扭曲而造成的投入要素错配。根据以上分析，Kumbhakar 和 Lovell（2000）指出，成本效率可以进一步分解为技术效率和配置效率，图2－2中，技术效率可以表示为 λ^A，配置效率可以表示为 X^E/X^A。

在本书中，我们基于成本效率以及其分解的技术效率和配置效率的概念，将水稻生产成本分解为技术效率损失成本、配置效率损失成本以及剩余的前沿成本，因为不同的成本随着经营规模的变化趋势将包含不同的政策内涵。

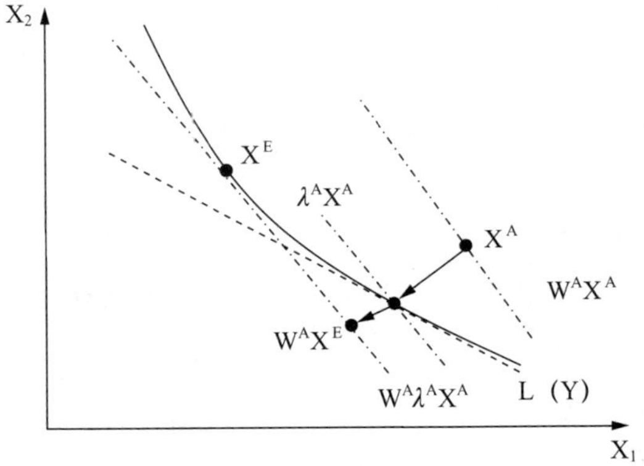

图2－2　成本效率的测算与分解

2.3　国内外研究现状

2.3.1　经营规模的影响因素

农户经营规模受到很多因素的影响。除已有研究所列举的因素以外（石晓平、郎如海，2013；郭熙保、冯玲玲，2015），影响农户经营规模的因素还包括人地资料禀赋、市场竞争环境以及农业经营者管理能力等。

（1）人地资料禀赋。人地资料禀赋是农户经营规模的基础。在农业粗放经营的阶段，技术水平非常落后，农业生产以人力、畜力为主，农户经营规模主要由农户家庭劳动力人数、畜力数量决定（速水佑次郎和弗农·拉坦，2014）。在技术水平发展到一定阶段后，土地资源丰裕的国家，如美国、澳大利亚等新大陆国家，农户经营规模相对较大；而大多数亚洲国家，尤其是中国、日本、韩国等东亚国家，农户规模相对较小（周应恒等，2015）。

（2）农业政策与土地政策。农业政策与土地政策是决定农户经营规模分布的重要因素。一些发展中国家或者发达国家曾经处于发展中阶段时，均采取过控制农户土地规模界限的相关政策。速水佑次郎和神门善久（2003）指出，如果没有农地制度的限制，具有规模经济效应的农业机械的普及将充分发挥大规模经营的优势，从而导致土地逐渐向大规模农户集中。在韩国农村改革之前，土地主要集中在少部分人手中，无地农户通过租借土地进行农业生产，支付较高的地租，1950年韩国政府推动土地改革，从地主那里购买土地，发给小农户或者无地农户，政府规定规模不可超过3公顷，而且限制规模扩大（Fan and Chan - Kang，2005）。Adamopoulos和Restuccia（2014）通过对全球多个国家农业相关数据的分析表明，投入要素差异仅解释了各个国家农户经营规模差异的25%，而剩余的部分主要归因于农业政策和制度所造成的农户资源配置的扭曲，这些政策主要包括实施明确的土地规模上限，超过上限的农户将被分解（包括孟加拉国、智利、巴基斯坦、印度、韩国、菲律宾等）；规定经营规模区间（如印度尼西亚和津巴布韦）；征收土地累进税，大规模农户税率高于小规模农户（如巴西、巴基斯坦等）以及一些只针对小规模农户的投入要素补贴 。新中国成立以来经历了三次重大的农地制度改革，第一次土地改革是在1953年之前，没收地主的土地并分发给没有土地的农户；随后进行第二次土地改革，实施公社化运动，农户将土地和其他生产资料入社，农户经营规模迅速扩大，但这次改革以失败告终；第三次土地改革是1978年实行的家庭联产承包责任制（Fan and Chan - Kang，2005）。韩俊（1998）认为家庭联产承包责任制这种“均田制”政策限制了我国农户经营规模的扩大。但是也有一些国家积极鼓励规模经营，日本政府在1961

年通过《农业基本法》，并采取多项鼓励规模经营的政策，在一定程度上扩大了农户的经营规模，缩小了农业与非农业的收入差距（Fan and Chan - Kang，2005）。除了一些特定政策对农户经营规模产生直接影响以外，从实证角度总体评价农业政策对农户经营规模的影响是非常复杂甚至是不可能的，因为农户规模是各种政策共同作用的结果，而各种政策的作用机理是不一样的，比如补贴政策可能导致一些生产力较低的农户存活得更久，一些针对土地或者其他生产资料补贴的政策可能让生产资料所有者受益，但农业经营者规模不会变化（Sumner，2014）。从特定产品和特定政策角度来看，农业政策对经营规模的影响最终将取决于补贴产品的供给弹性、补贴产品与其竞争产品的相对补贴力度、生产要素的可获得性以及潜在的风险偏好（Sumner，2014）。

（3）非农就业机会与农业劳动力机会成本。工业化、城镇化发展，劳动力机会成本上升并向非农产业转移是经营规模扩大的条件。劳动力成本上升是经济发展到一定阶段的必然趋势。著名的二元经济结构理论认为，经济发展过程是现代工业部门相对于传统农业部门的扩张过程，这一扩张过程会不断把传统农业部门中的剩余劳动力转移到现代部门。在初始阶段，劳动力可以无限供给；而当经济发展到一定阶段，劳动力由剩余变为短缺，相应的劳动力供给曲线开始向上倾斜，工资水平也开始不断提高（Lewis，1954）。由于缺乏非农就业机会，发展中国家农村劳动力机会成本低于发达国家，因此，农户经营规模也低于发达国家。联合国粮农组织报告显示，世界上最穷的20%的国家的平均规模为1.6公顷，而最富裕的20%的国家的平均规模为54.1公顷，相差34倍（Adamopoulos and Restuccia，2014；周应恒等，2015）。

（4）投入要素相对价格变化诱发技术进步。生产要素相对价格变化诱致技术进步与创新是经营规模扩大的驱动力。诱致性创新理论认为生产要素相对价格的变化诱致技术创新（Hicks，1932）。Kislev 和 Peterson（1982）假设农户将所有的时间用于农业并且没有雇工，构建实证模型，发现农业劳动力的机会成本与机械服务的价格决定了农业生产中机械与劳动两种要素的投入比例，并且机械—劳动比重的变化完全解释了美国1930～1970年农户规模的增长，技术进步和规模经济并没有起到作用。机械化是对成本不断上升的劳动力的一种替代，进而减少农业对劳动力的需求，加之城镇化发展提供了更多的非农就业机会，促进农场规模的增加（Ruttan，2000；Gardner，2002；周应恒等，2015）。朱希刚（1991）认为农户种植业生产规模的变动是由技术进步推动的。Liu 等（2014）研究发现，在我国劳动力机会成本不断上升的背景下，无论是大型、中型还是小型机械，均对劳动具有较强的替代效应。此外，Fan 和 Chan – Kang（2005）指出，工业化发展带来的机械、化肥、农药等现代要素可能降低了对劳动力的需求，农业规模趋向于扩大。然而，Sumner（2014）指出，美国很多农场的情况与 Kislev 和 Peterson（1982）描述的情况不太相符，随着农业生产越来越复杂，并且需要更加专业的知识，一些农场主不再自己操作机器设备，劳动力节约型技术可能仅仅增加单位面积雇佣劳动的比重，但农户的规模和产出并不会变化。在当前美国农业产业中，农户经营规模差异主要是管理能力导致的（Sumner，2014），下一部分将重点介绍。

（5）市场竞争。市场竞争因素是农户规模变化的又一重要因素。Mosheim 和 Lovell（2009）认为美国奶牛产业产品供大于求导致不具有成本优势的小规模农户数量下降，生产主体结构发生变化，大规模经营主体比重增加。近年来，我国农产品生产成本攀升，国际竞争力下降，政府部门因地制宜、因时制宜推进适度规模经营，希望通过扩大规模提高产品竞争力（周应恒等，2015）。

现阶段，我国农业生产的资源禀赋是人多地少，人均规模较小，但近年来城镇化、工业化迅速发展，非农就业机会增加，劳动力价格相对于其他要素价格上升，农村劳动力向非农产业转移，加之相关农机购置补贴政策的实施，机械装备水平不断提升，这些因素均为我国扩大农户经营规模提供了条件。同时，我国面临激烈的国际市场竞争压力，水稻产品竞争力下降，积极稳妥扩大经营规模是提高竞争力的重要措施。

（6）农业经营者管理能力。Sumner（2014）认为农业技术相对成熟、农业政策扭曲较少的美国，劳动力节约型技术的使用将无法增加农场规模，而当前美国农户经营规模的差异将主要取决于管理能力的差异。Lucas（1978）强调了管理能力在企业规模分布中的作用。Sumner（2014）指出管理能力在农业经营中的重要性越来越接近非农行业。农业经营对管理能力的要求将随着农业生产的复杂程度、信息技术发展水平以及管理价格波动与气候风险难度的提高而提高（Brown and Weber，2013）。Lund 和 Hill（1979）认为，小规模农户的管理能力如果与其当前的经营规模是匹配的，那么，小规模农户进一步扩大规模可能无法高效经营，容易导致相对效率的损失。Sumner 和 Leiby（1987）研究认为，经营者管理能力的提高能够解释农户平均规模的增长。Adamopoulos 和 Restuccia（2014）基于对世界主要国家农户经营规模差异的观察，构建两部门模型，认为农业经营者管理能力是有差异的，管理能力分布决定农户经营规模的分布。Assuncao 和 Ghatak（2003）通过构建理论模型分析认为，即使在土地、劳动力等投入要素不存在规模报酬递减的情况下，由于农户管理能力的差异将导致经营规模与生产力之间呈现负向关系，如果不控制管理能力将导致生产力与经营规模间的负向关系被高估。

Griliches（1957）认为在生产函数中遗漏管理能力这个投入要素可能造成估计的规模弹性有偏误。但是，没有一种简单的方法可以测算农户管理能力，这对实证分析提出了挑战（Chavas et al.，2010）。Mundlak（1961）在管理能力对农户生产影响方面做出了重大贡献，通过面板数据固定效应模型消除不可观察的农户管理能力对生产函数估计的影响。Dawson 和 Hubbard（1987）使用每头奶牛的饲料成本作为管理能力的代理变量，实证结果表明，具有较高管理能力的农户能够以较低的成本生产给定的产量，并且管理能力较高的农户产出水平也比较高。Alvarez 和 Arias（2003）实证了管理能力对农户奶牛生产成本的影响，他通过生产函数计算农户的技术效率，以农户技术效率的排序作为农户管理能力的代理变量，实证结果表明，当控制农户管理能力不变时，规模扩大将对生产成本产生负面影响。

Sumner 从多个角度说明农业经营者管理能力对经营规模的影响：第一，"L" 型成本曲线预示农场的最优规模应该相差不大，即规模经济（Economies of Size）理论无法解释实际生产过程中农户经营规模的巨大差异，Sumner 从范围经济（Economies of Scope）的角度进行解释，认为农户人力资本的差异导致其机会成本存在差异，从而小规模农户相对于大规模农户也可能保持竞争优势，即具有不同人力资本的农户其最优规模不同。第二，规模较大的农户更需要注重风险管理以及资源配置，他们会租用适合种植不同产品的土地来降低经营风险，他们会进行玉米和大豆的轮作，延长机械以及劳动力的使用时间。第三，大规模农户资本相对丰裕，他们一般租用土地，通过合同的形式雇用管理人员，与他们共同分享利润和成本，不直接参与经营，具体的合同安排因不同的情况以及农户与雇工的能力而定。第四，管理能力具有不可分割性，可能限制农户实现规模经济以及经营规模的增长潜力，经典的分层管理体系在农业中并不适用，因为有些农业生产具有地域性和特殊性，只能依赖家庭经营。第五，当农户非农工资相对于资本的成本增加时，农户将拥有更多的资本，使用资本替代农场经营者与管理时间，而不是雇佣劳动，此时农户经营规模将扩大。第六，农业经营越来越需要组织专业技术人员、订立专业服务合同，因此，农场规模必须足够大到能吸引并留住具有较强经营管理能力的人才，此外，大规模农场管理者较高的收入将进一步激励农场规模扩大。第七，有能力的农业经营者在获得土地和其他投入要素方面更具有竞争力，并且，只有足够大的经营规模才能施展他们的管理能力，获得较高的收入，最近的分析也表明，销售额在25万美元以上的农场中有44%的经营者曾经从事管理或者专业领域工作，而小规模农场的比重仅有35%，大规模农场中有一半的经营者曾经从事过农业工作或者在政府部门工作（Brown and Weber，2013）。第八，农业产业中管理能力较高的经营者会替代管理能力较低的经营者，这种替代过程诱致技术进步和信息系统升级，使管理能力强的经营者经营更多的面积，以寻求更高收入的机会。

由于从事农业的相对收益较低，大量农村劳动力向非农产业转移。此外，有些国家由于资源或者政策原因，农户扩大规模受到诸多限制，这导致有能力的人离开农业，留下能力相对较弱的人经营农业（Sumner，2014）。但是，我国未来改革的方向是让市场在资源配置中起决定性作用，并且农业改革的方向是价补分离，更多地发挥市场的作用。在此背景下，我国相关部门和政策制定者应该更多地关注管理能力对农业经营的影响，在推进适度规模经营的过程中注重对农业经营者管理能力的培训。当前的培训更多地聚焦于产中相关技能的培训，但是随着价补分离政策的实施，应该提高农户风险管理能力。

土地流转和适度规模经营是发展现代农业的必由之路，有利于优化土地资源配置和提高劳动生产率，有利于保障粮食安全和主要农产品供给，有利于促进农业技术推广应用和农业增效、农民增收。大量研究聚焦于经营规模与土地、劳动等单要素生产率方面，大多数研究认为随着经营规模的扩大，土地生产率下降、劳动生产率上升（Eswaran and Kotwal，1986；Adamopoulos and Restuccia，2014；

李谷成等，2009），但 Wang 等（2015）认为随着基础设施条件的完善以及机械化技术的成熟，规模扩大并不会导致土地产出下降。已有研究对此做了很多综述，这里不再赘述。

要素投入和全要素生产率（TFP）是农业增长的两大源泉，要素投入增长对我国农业发展做出了重大贡献，但资源的有限性与稀缺性决定农业不可能依赖要素的无限扩张，尤其是我国农业污染问题日益严重，未来农业发展只能依赖全要素生产率的提高（许庆，2013）。全要素生产率是 20 世纪重要的研究主题（Chavas et al.，2010），全要素生产率分为技术进步、技术效率和配置效率（Tian and Yu，2012）。关于全要素生产率的测算，最初是采用指数的形式，投入要素增长无法解释的产出增长即为全要素增长（Fan，1997；Chavas et al.，2010）。在 1947～1985 年，全要素生产率对美国农业产出的贡献率达到 82%，高于非农部门（Jorgenson and Gollop，1992）。下面将分别综述经营规模与新技术选择、技术效率以及配置效率的关系。

2.3.2 经营规模与技术采纳的关系研究

Fan 和 Chan – Kang（2005）指出在很多亚洲国家，小规模农户很难获得贷款和技术服务，农业绿色革命的新技术一般也由大规模农户先采纳，然后是小规模农户，但是大规模农户先于小规模农户采纳新技术可能导致小规模农户无法受益于新技术带来的产量优势。Rasmussen（2012）也指出技术发展与创新可能以提高成本效率或者提高产量的形式带来成本优势，而新技术一般以支持大规模企业或大规模农户为主。赵肖柯和周波（2012）认为大规模农户相对于小规模农户在技术选择和采用上具有代表性和示范效应。展进涛和陈超（2009）研究认为，经营规模越大，农户对技术的需求越大，并且更偏好于农业技术推广部门的技术指导。刘红梅等（2008）认为土地规模是影响农户采用节水灌溉技术的主要因素之一，土地经营规模越大，农户越倾向于采用节水灌溉等先进的农业技术。以上学者均认为大规模农户在采纳新技术方面比小规模农户有优势，随着新技术的普及，将促进农户平均经营规模的扩大。关于具体技术对规模的影响在前面已经阐述，Sumner（2014）从总体层面指出“L”型成本曲线的最优点将会随着技术的进步而逐渐变大。

效率损失是农户能否在市场竞争中存活的一个重要因素（Tauer，2001；Alvarez et al.，2008）。美国奶牛产业中，大规模相对于小规模更有效率，很多效率低的小规模农户退出生产，一些效率较高的大规模农户继续经营，并且将提供质优价廉的产品（Dong et al.，2013）。研究农户效率损失的类别对农业改革、农业教育以及其他相关政策的制定至关重要。如果能够测算不同规模农户的效率损失对成本的贡献率，那么，就可以通过合适的政策设计、土地制度改革，在不增加要素投入的情况下估算农业增长的空间（Lau and Yotopolous，1971；Lau and Yotopolous，1972；Yotopolous and Lau，1973）。

2.3.3 经营规模与技术效率的关系研究

Eastwood、Lipton 和 Newell（2010）分析认为规模与效率之间的关系主要取决于两个方面：一是从狭义的规模经济概念来看主要受到投入要素不可分割性以及劳动专业化的影响；二是与规模相关的交易成本（Transaction Cost），包括信息成本以及运输与销售阶段的运输成本。

关于经营规模与农户生产技术效率的关系，目前有三种观点：一是经营规模与技术效率呈现负向关系；二是经营规模与生产效率呈现倒“U”型或者正向关系；三是经营规模与生产技术效率之间并没有显著的关系。

其中，经营规模与技术效率呈现负向关系最为经典。Lau 和 Yotopolous（1971，1972）、Yotopolous 和 Lau（1973）第一次使用利润函数实证分析了农户技术效率、规模效率和配置效率，实证结果表明小规模农户的技术效率要高于大规模农户。小规模农户可以充分使用其掌握的资源，尤其是劳动力资源，并且小规模农户大多采用自家的劳动力，没有监督问题，因此，小规模农户是有效率的，对于贫困的亚洲地区来说，小规模经营是最合适的经营模式（Fan and Chan - Kang，2005）。Yu（2012）研究认为，我国小规模奶牛养殖农户技术效率比大规模农户高，但是由于小规模农户奶牛品种产量较低，因此，即使小规模农户具有更高的效率水平但是产量仍然较低。也有一些文献指出，随着技术的进步，一些更加便宜并且适用的技术的发展，缓解了农业经营活动中某些环节对劳动的需求，使农户扩大经营规模并且高效率经营成为可能（Fan and Chan - Kang，2005）。

Paul 等（2004）认为大规模农场比小规模农场更富有生产力和效率。刘天军和蔡起华（2013）研究认为经营规模扩大对农户生产技术效率具有显著正向影响。速水佑次郎和神门善久（2003）指出大规模农户机械使用效率高于小规模农户，因为随着规模的扩大，分散小块的土地被整合，许多边角的离散土地被利用起来，便于机械化耕作（张丽丽等，2013）。Alvarez 和 Arias（2004）在控制投入与产出价格的基础上研究认为技术效率与规模呈现正相关。耿献辉等（2014）研究认为土地规模的扩大有利于新疆棉农技术效率的提高。然而，李谷成等（2008）认为农户扩大规模虽然可以改善技术效率水平，但盲目扩大规模往往会得不偿失。刘七军和李昭楠（2012）认为农户规模与生产技术效率间呈现倒"U"型关系。屈小博（2009）对陕西果农的分析表明，农户经营规模与生产技术效率同样呈现倒"U"型关系。金福良等（2013）认为农户油菜种植规模与技术效率呈"U"型趋势。Zhang 等（2017）研究认为我国大规模生猪养殖户相对于小规模生猪养殖户具有更高的技术效率水平，因此产出水平更高，生产成本更低。因此，我国生猪养殖产业由小规模农户向大规模农户发展的结构变化能够同时提高我国生猪产业的生产率与国际竞争力。

此外，李谷成等（2009）通过对湖北省 1999～2003 年农户微观数据进行分析发现农业生产的全要素生产率和技术效率与农户规模并不相关。

Bravo－Ureta 和 Rieger（1991）通过使用随机前沿生产函数和成本函数的对偶性，分析奶牛养殖农户的技术效率和配置效率，实证结果显示随着经营规模的扩大，技术效率和配置效率呈现不同的变化趋势，技术效率随着规模的扩大呈现上升趋势，而配置效率则呈现下降趋势。

2.3.4 经营规模与配置效率的关系研究

由于配置效率的计算非常复杂，在大量研究农业效率的文献中鲜有研究考虑配置效率，尤其是明确区分技术效率与配置效率。资源配置是经济学研究的重要内容，资源配置的效率将影响经济决策。Kumbhakar（1997）利用成本函数和成本份额方程推导出配置非效率的计算方法。Atkinson 和 Cornwell（1994）认为在提高成本、改变要素投入方面，配置非效率比技术非效率贡献更大。Hall 和 Leveen（1978）认为小规模农户资源错配的概率更高，并且导致效率损失成本上升。Kumbhakar（1993）认为能够有效配置投入与产出的农户在市场竞争中具有更多的存活机会。Maietta（2000）研究发现效率损失成本占总成本的69%，并且通过影子成本函数将成本非效率分解为技术非效率和配置非效率，随着规模的扩大，配置非效率下降，但技术非效率上升，并且技术非效率是导致成本非效率的主要原因。但是，Mosheim 和 Lovell（2009）研究发现，随着规模的扩大，技术效率损失和配置效率损失均呈现下降趋势，但配置效率损失的成本相对更高。Fan（2000）通过对中国农业生产的数据分析发现，效率提升对中国农业增长做出重要贡献，在改革的第一阶段（1979～1984年）技术效率提升非常明显，但是相对于第一阶段，第二阶段改革中技术效率和配置效率贡献均显著下降。在城镇化背景下，可以通过加快土地流转、促进土地规模经营等土地整合措施增加农户土地投入，提高农户资源配置效率；加大技术推广力度和通过正规或非正规教育加强农民尤其是女性农业生产者对农业技术的吸纳能力是提高农户技术效率的根本途径（许庆，2013）。

2.3.5 经营规模与农业生产成本的关系研究

很多研究认为农户的成本曲线呈现"L"型特征（Hall and Leveen，1978；Alvarez and Arias，2003；Sumner，2014），这意味着小规模农户扩大规模能够获得规模经济，但是对于大规模农户而言，并没有足够的激励进一步通过扩大规模降低成本（Chavas et al.，2010）。规模经济产生的原因主要分为内部和外部两个方面：内部规模经济主要是由于我国农业生产中生产要素投入同比例变化、经营土地面积扩大和零散土地整理三种情况；外部规模经济主要是由直接生产过程之外的公共设施、市场集聚、产业关联等规模变动的效益流入情况所带来的（许庆等，2011；蔡昉和李周，1990）。具体而言，单位平均成本下降可能是因为农业生产过程中某些固定资产投入具有不可分割性，如耕地、收割、烘干等的机械以及农产品加工、储藏设施建设等，随着农户规模的扩大，单位产品分摊的成本开始下降（Rasmussen，2012）。此外，大规模企业或者农户可能通过规模优势在采购生产要素时获得折扣，实现货币的外部性（Pecuniary Externalities）：一方面是大量采购可以节省一些不必要的成本；另一方面是大量采购可以形成谈判能力（Rasmussen，2012；Alvarez and Arias，2003）。Avillez（2011）从资源使用效率和风险管理的角度，指出大规模相对于小规模的优势是资本成本更低、资源使用的效率更高以及更好的风险管理意识。

Tweeten 等（2002）认为墨西哥种植业和畜禽养殖业存在规模经济，因为银行更愿意向大规模农户贷款，从而大规模农户有能力进行技术投资。相对美国而言，我国单位土地密集型产品成本较高，而单位劳动密集型产品成本较低，除了通过科技提高产量外，不扩大土地经营规模难以解决生产成本较高的问题（黄季焜和马恒运，2000）。许庆等（2011）在对我国春小麦、冬小麦、早籼稻、中晚籼稻、粳稻和玉米等粮食作物研究的基础上，认为粳稻生产存在规模报酬递减的情况，即从事规模经营并没有降低单位产品的成本。李文明等（2015）基于全国水稻种植户调查数据分析认为，当经营规模超过 80 亩时，单位产品总成本降低，但其没有对成本进行综述。

2.3.6 文献述评

国内外学者对经营规模的决定因素以及经营规模对农业生产的影响方面进行了大量研究。关于经营规模决定因素方面，人地资料禀赋、非农就业机会、投入要素相对价格变化所诱发的技术进步、农业与土地制度、市场竞争环境等因素均对农户经营规模产生影响，但一个国家或者地区由于处于不同的发展阶段，各因素的影响程度可能存在差异。在经营规模对农业生产的影响方面，农户经营规模的变化不仅会对化肥、劳动等相关投入要素产生影响，还会对农户技术选择、技术效率和配置效率产生影响，从而进一步对农户生产成本以及成本结构产生影响，但国内鲜有研究从效率损失的角度对农户水稻生产成本进行分解。

在我国农业竞争力逐年下降，但农业适度规模经营迅速推进的背景下，相关研究可以关注以下几个方面的问题：一是我国农业经营主体经营规模结构对我国农业生产成本以及成本结构的影响；二是效率损失是农业生产成本的重要组成部分，分析比较技术效率损失和配置效率损失在农业生产成本中所扮演的角色以及其随经营规模的变化而呈现的变化趋势；三是在我国目前的政策背景、农业基础设施、要素市场以及农民培训体系下，小规模农户较短时间大规模扩张经营规模是否能降低其生产成本。

关于经营规模与我国水稻生产成本的研究，目前已经有一些成果，本书将从以下几个方面进行补充：一是水稻适度规模经营近年来发展非常迅速，经营主体结构发生了很大变化，可能由于相关数据的缺失，没有相关研究具体分析农户水稻生产成本及其结构随规模变化的趋势；二是现有研究大多是就效率谈效率，没有相关文献测算效率损失对我国农户水稻生产成本的影响，尤其是具体分析技术效率和配置效率在不同规模农户生产成本中扮演的角色；三是我国水稻生产经营规模结构变化并不完全是市场竞争的结果，有行政干预的因素，同时，我国农业基础设施、农民培训体系以及要素市场化改革体系还不成熟，那么，在适度规模推进过程中，如果效率损失水平与农户经营规模不匹配是否会影响水稻生产成本呢？这也是需要进一步回答的问题。

2.4　本章小结

本章主要从概念界定、理论基础以及国内外研究现状及文献述评三部分展开分析。首先是概念界定部分，本书将经营规模限定为土地的规模，将生产成本界定为经济成本的概念，同时对前沿成本、技术效率损失成本和配置效率损失成本进行了简单的介绍。其次在理论基础部分，本章介绍了规模经济和经济效率理论的内容。结合本书的研究内容和我国实际，基于规模经济理论分析经营规模与生产的前沿成本、技术效率损失成本和配置效率损失成本之间的关系。最后本章对国内外相关研究进行了综述，并且指出现有文献的不足以及可以进一步研究的方向。

第 3 章　经营规模演化趋势与我国种植业发展

从第 2 章的文献综述来看，农户经营规模受到资源禀赋、土地政策、经济发展水平、农业技术条件以及市场竞争与开放情况等众多因素的影响。横向来看，世界各国农户经营规模存在巨大的差异，即使是同属于发达国家行列的美国与日本，其经营规模也存在巨大差异。纵向来看，一个国家在不同发展阶段，其经营规模也可能存在显著的差异。在分析我国农户经营规模在不同阶段的演化趋势之前，有必要对世界不同资源禀赋国家种植业经营规模的演化趋势进行归纳总结，这样有利于深入理解我国粮食经营规模的演化趋势。

3.1　不同资源禀赋发达国家农户经营规模演化趋势

一直以来农户经营规模分布以及演化趋势都是农业经济学者和政府部门关注的重点，尤其是经营规模结构变化所带来的经济效应对相关农业政策具有重要启示（Mosheim and Lovell，2009）。联合国粮农组织作为世界农业发展的专业组织，近年来，他们也十分关注各个国家农户经营规模的特征。2014 年，粮农组织发布的《世界农业发展报告》在对全球超过 100 个国家调研数据分析的基础上，描绘了世界农户经营规模的特征。FAO（2014）指出全球有超过 5.7 亿个农场，但是大部分的农场规模都非常的小。

图 3－1 描绘了全球 106 个国家不同规模农场数量和面积分布情况。从数量分布来看，小于 1 公顷的农户占农场总数的 72%，而超过 5 公顷的农户数量仅占

6%。虽然小规模农户数量占绝对优势，但是从经营面积比重来看，72%的小于1公顷的农户仅经营了8%的耕地面积，而全球65%的耕地是由超过50公顷的农户在经营。非常遗憾的是，该报告并没有发布全球农户经营规模演化趋势的相关数据，关于全球经营规模演化趋势，我们将通过分析几类有代表性的国家而呈现。

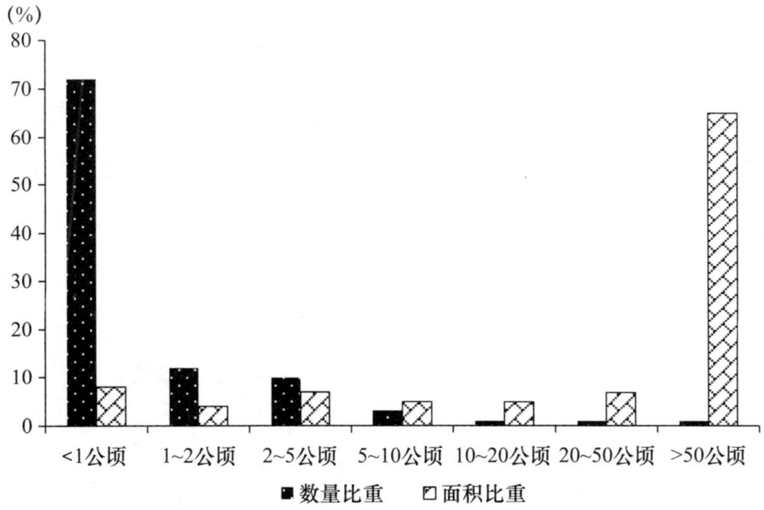

图3－1　全球不同经营规模农户数量与面积分布

资料来源：2014年《世界农业发展报告》，包含106个国家的数据。

法国、美国和韩国三个国家代表了当今世界上在不同资源禀赋条件下所形成的农业经营模式。2010年，美国户均耕地面积为95公顷，是具有人少地多禀赋的新大陆国家农业经营模式的代表（MacDonald et al.，2013）。2010年，法国户均耕地面积为54.9公顷，是欧盟各国户均耕地面积平均水平的3.8倍①，根据法国农业普查数据来看，法国是欧盟的农业大国，其耕地面积占欧盟耕地总面积的16.2%。根据韩国农水产食品统计数据显示，2010年韩国拥有117.7万户农户，耕地面积为171.5万公顷，因此户均耕地面积为1.5公顷，是人多地少资源禀赋

① 根据欧盟统计局Eurostat数据库和法国国家统计局INSEE数据库所得。

国家的代表。此外，日本也代表了人多地少的东亚国家农业发展模式，根据日本农林水产省统计数据显示，2010 年日本户均耕地规模为 1.5 公顷左右。由于法国、美国、韩国和日本人地资源禀赋不同，所以经营规模划分标准与统计口径也存在较大的差异，在美国，可能 10 公顷以下算是最小的规模统计区间，但是对于韩国来说，其统计口径要远远小于该规模。

从表 3-1 ~ 表 3-4 显示的数据来看，我们可以得到如下结论：尽管四个国家由于人地资源禀赋存在差异而导致经营规模分布的统计口径不一样，但是，当我们把规模区间分为三类，即把最小一个规模区间看作小规模农户，把最大一个规模区间看作大规模农户①，而把中间所有规模区间看作中等规模农户。那么，无论是农户数量占比还是经营规模占比，小规模农户和大规模农户的比重均呈现上升趋势，而中间规模比重下降。该结论意味着，不同资源禀赋国家农户经营规模呈现出分化发展的特征（周应恒等，2015），其中，小规模经营主体数量和经营面积占比上升的原因主要是：近年来，随着工业化、城镇化的发展，发达国家中越来越多生活在大都市退休后的居民，他们希望过着平静的田园生活，具有强烈的体验农业生产活动的意愿，他们将农业经营作为一种爱好，这种经营模式并不计较其是否盈利（Sumner，2014）。而大规模农户数量比重和经营面积比重均呈现增长趋势，可能是农业技术发展、市场竞争、农业产业专业化发展等众多因素共同造成的。

表 3-1　美国不同规模农户数量和经营规模分布　　单位：%

年份	项目	1~9 英亩	10~49 英亩	50~99 英亩	100~199 英亩	200~499 英亩	500~999 英亩	1000~1999 英亩	>2000 英亩
2001	农户数量占比	11.2	32.5	16	15.1	13.4	6.1	3.9	1.7
	经营面积占比	0.2	3.5	4.7	8.8	17.8	18.2	22.7	24.1

① 本书中所说的规模分为小规模、中等规模和大规模，这里的大规模是适度规模的意思。因为我国在鼓励适度规模经营的过程中，有些地方对大规模有误解，它们脱离当地城镇化与科技水平以及劳动力转移状况，一味追求规模的扩大，造成了一些农业经营低效和农民就业困难的问题。本书所说的适度规模等同于在一定条件下的大规模。

续表

年份	项目	1~9英亩	10~49英亩	50~99英亩	100~199英亩	200~499英亩	500~999英亩	1000~1999英亩	>2000英亩
2011	农户数量占比	15.8	35.7	14.9	11.4	11.1	5.6	3.4	2.2
	经营面积占比	0.3	3.7	4.4	6.5	14.6	16.8	19.4	34.3

资料来源：MacDonald James M., Korb Penni, Hoppe Robert A.. Farm Size and the Organization for US Crop Farming [J]. ERR-152. U.S. Department of Agriculture, Economic Research Service, August 2013.

表3-2 法国不同规模农户数量和经营规模分布 单位：%

年份	项目	<5公顷	5~20公顷	20~50公顷	50~100公顷	>100公顷
2005	农户数量占比	32.74	22.86	20.54	16.75	7.1
	经营面积占比	2.03	7.72	21.5	36.52	32.24
2013	农户数量占比	33.38	23.04	18.77	16.49	8.33
	经营面积占比	2.05	7.39	18.73	34.97	36.86

资料来源：周应恒，胡凌啸，严斌剑. 农业经营主体和经营规模演化的国际经验分析［J］. 中国农村经济，2015（9）：80-95.

表3-3 韩国不同规模农户数量和经营规模分布 单位：%

年份	项目	无耕地	0~0.5公顷	0.5~1.5公顷	1.5~3.0公顷	>3.0公顷
2000	农户数量占比	1.01	31.81	43.24	17.79	6.15
	经营面积占比	33	29.4	16.4	9.9	14.8
2010	农户数量占比	1.19	40.12	36.47	13.99	8.23
	经营面积占比	40.2	24.5	12.1	7.4	14.9

资料来源：周应恒，胡凌啸，严斌剑. 农业经营主体和经营规模演化的国际经验分析［J］. 中国农村经济，2015（9）：80-95.

对我国农业分化发展趋势的判断主要源于笔者对欧美日等发达国家农业经营实践的观察及对我国现阶段现实情况的思考。欧美日农业经营实践代表了当前全球三种不同资源禀赋条件下的农业发展模式。虽然我国户均耕地面积仅有0.6公顷（陈晓华，2013）①，人地资料禀赋与日本和韩国相对接近，与欧美国家有较

① 根据农业部门的相关数据显示，我国户均耕地面积大约为0.47公顷，目前并没有一个完全准确的数据。

大差距，但是，如果欧美日等国家在人地资料禀赋不同的条件下，农业发展模式表现出相同的趋势，那么这种趋势将对我国现代农业发展具有一定的启示作用。

表 3－4　日本不同规模农户数量和经营规模分布　　单位:%

年份	项目	0～0.5 公顷	0.5～2.0 公顷	>2.0 公顷	>5.0 公顷
2000	经营面积占比	22.9	62.6	14.5	1.9
	经营面积占比：北海道	8.1	43.7	48.2	27.6
2005	经营面积占比	22.8	61.3	15.9	2.6
	经营面积占比：北海道	8.5	37.9	53.6	32.7

注：①日本数据还包括北海道的数据，北海道 1910 年的耕地面积占日本耕地面积的比重仅为 9.5%，2010 年达到 29.4%，被誉为日本农业“结构改革优等生”，在农业分化经营方面具有一定代表性，北海道的规模划分标准分别为低于 1 公顷以下、1～10 公顷、10 公顷以上、20 公顷以上等；②由于数据缺失，日本的数据不包括农户数量占比。

资料来源：日本农林水产省《农林水产统计》资料。

以上分析是从农场角度进行的，一个农场可能种植很多品种，并没有考虑到作物内部的差异。下面我们将借鉴 MacDonald 等对美国农场的数据分析成果，从种植业具体品种的角度进一步分析。在未考虑美国农场结构变化的情况下，MacDonald 等发现农场平均规模在近十年来基本没有变化，在此基础上通过利用美国农业普查数据，计算中点面积①分析美国农场结构变化趋势，分析结果同样表明美国农场规模呈现两极分化发展的趋势，并且大田作物、果蔬以及畜禽养殖等各类产品生产绝大部分表现出分化发展的趋势（见表 3－5）。笔者基于 MacDonald 等细分产品的结果进一步计算了大田作物、蔬菜、水果三大类型产品平均中点面积，探索三大类产品之间是否存在分化倾向，分析结果显示，1987 年大田作物的平均中点面积分别是蔬菜、水果平均中点面积的 1.4 倍和 2.1 倍，到 2007 年达到 1.6 倍和 3.0 倍，从长期来看，三大作物之间也呈现分化的趋势。

① MacDonald 等分析了平均农场规模、农场规模中位数两个指标的缺陷，最终用中点面积衡量农场规模分化趋势，以美国大田作物 2007 年的中点面积为例，表明规模为 306.9 公顷以上或以下的所有农场经营规模各占美国经营总面积的一半。

表3-5　美国三大类种植业产品规模分化趋势　　单位：公顷

年份	大田作物		蔬菜		水果	
	中点面积(1)	比值(1)/(1)	中点面积(2)	比值(1)/(2)	中点面积(3)	比值(1)/(3)
1987	128.9	1	92.7	1.4	61.0	2.1
1997	220.0	1	148.3	1.5	86.9	2.5
2007	306.9	1	193.9	1.6	103.8	3.0

资料来源：根据 MacDonald 等（2013）研究结果整理而得。

表3-6～表3-9分别汇报了日本水稻种植户、畜禽养殖户、蔬菜种植户和水果种植户不同规模区间的数量。因为数据的限制，我们目前并没有获取日本种植业内各个细分品种不同规模农户经营面积的占比，只能通过分析数量占比变化情况来大概了解经营规模的演化趋势。

水稻产业对日本非常重要，日本的水稻产业并不具有国际竞争力，日本政府通过实施较高的关税保护措施来保护本国的水稻产业。近年来日本稻米产业相关的经济在整个国民经济份额中有下降趋势，但是至今仍然占有相当的比例。目前水稻仍然是日本最主要的农作物，54%从事商品农作物生产的农民以水稻种植为主，水稻种植面积占全国耕地面积的40%。因此讨论日本农业经营规模状况，水稻的经营规模状况是无法回避的。

水稻农户数量由1960年的527万户，减少到2004年的205万户。由于大米消费量的减少以及休耕面积的扩大，2004年水稻的种植面积减少到170万公顷，与1960年（331万公顷）相比，种植面积减少了接近50%。2004年户均水稻种植面积为0.83公顷，较之1960年户均种植面积增加了30%，但种植面积不足0.5公顷的农户占水稻种植农户的58.4%，种植面积低于1公顷的农户占水稻种植农户的80%以上，因此日本的水稻种植仍然是以土地规模很小的小农经营为主。

另外，从经营面积来看，占水稻种植农户不过6.3%的2公顷以上的农户所占有水稻种植面积为水稻总种植面积的34.6%。虽然水稻种植农户总数量在减少，但10公顷以上的农户数量在增加，2004年10公顷以上的农户已达6000户。水稻种植零碎化经营格局的背景下，部分大规模水稻经营体和受委托经营组织正在逐渐形成。在水稻种植户总量减少的背景下，0.5公顷以下农户数量所占比重以及5公顷以上农户所占比重均呈现增加趋势，即日本水稻产业农户经营规模也呈现分化发展的趋势。

表3-6　日本水稻农户经营规模分布　　单位：千户，%

规模	1984年		1994年		2004年	
	数量	比例	数量	比例	数量	比例
0.5公顷以下	2020	58.13	1603	56.60	1198	58.38
0.5~1.0公顷	860	24.75	679	23.98	475	23.15
1.0~1.5公顷	306	8.81	256	9.04	170	8.28
1.5~2.0公顷	134	3.86	119	4.20	79	3.85
2.0~5.0公顷	141	4.06	148	5.23	104	5.07
5.0~10.0公顷	13	0.37	22	0.78	20	0.97
10公顷以上	0.5	0.01	5	0.18	6	0.29
合计	3475	100	2832	100	2052	100

资料来源：日本农林水产省《关于米麦销售的基本调查》。

此外，随着战后日本经济的快速增长，居民可支配收入增加，随之而来对畜产品消费需求促进了日本畜产业的快速成长。畜禽养殖业经营规模变化也呈现一定的发展特征。从表3-7可以看出，畜禽产业经营户数下降，户均规模逐步扩大，现代化大规模养殖结构已经形成。户均乳用牛饲养头数由1960年的2头增加到2010年的67.8头，肉用牛由1960年的1.2头增加到2010年的38.9头，户均饲养规模已经达到了欧盟国家的平均饲养水平。豚饲养、蛋鸡和肉鸡的规模化养殖也已经形成，其中不乏大规模的企业经营体参与其中。

表3-7　1960~2010年日本畜禽饲养规模分布

年份		1960	1970	1980	1990	2000	2010
乳用牛	户数（千户）	410.4	307.6	115.4	63.3	33.6	21.9
	头数（万头）	82.4	180.4	209.1	205.8	176.4	148.4
	户均（头）	2.0	5.9	18.1	32.5	52.5	67.8
肉用牛	户数（千户）	2031.0	901.6	364.0	232.2	116.5	74.8
	头数（万头）	234.0	178.9	215.7	270.2	282.3	289.2
	户均（头）	1.2	2.0	5.9	11.6	24.2	38.9

续表

年份		1960	1970	1980	1990	2000	2010
豚饲养	户数（千户）	799.1	444.5	141.3	43.4	11.7	6.9
	头数（万头）	191.8	633.5	999.8	1181.7	980.6	989.9
	户均（头）	2.4	14.3	70.8	272.3	838.1	1436.7
蛋鸡	户数（千户）	3838.6	1703.0	218.0	87.2	5.3	3.2
	羽数（万羽）	5462.7	16978.9	16547.0	18741.2	18738.2	18099.4
	户均（千羽）	0.012	0.070	0.6	15.8	28.7	45.0
肉鸡	户数（千户）	—	17.6	9.0	5.5	3.1	2.4
	羽数（万羽）	—	5374.2	12844.0	15044.5	10841.0	10714.1
	户均（千羽）	—	3.0	14.2	27.2	35.2	44.8

资料来源：日本农林水产省《畜产统计》。

蔬菜和水果产业不同规模经营户发展趋势如表3－8和表3－9所示。蔬菜和水果产业属于劳动力密集型产业。随着农业从业人员兼业比例越来越高，蔬菜种植过程中需要大量的劳动，因此，蔬菜种植的农户数量逐渐减少。2005年以贩卖为目的的蔬菜种植农户只有51万户（其中44万户为大田蔬菜种植户）。与2000年相比，2005年蔬菜种植农户数量减少了2.2%，但0.2公顷以下的农户数量却增加了2万户。日本蔬菜产业发展并没有表现出规模化经营的趋势。这可能是因为，蔬菜属于高附加值经济作物，即使是0.2公顷以下的小规模蔬菜种植户数量在增长，但是蔬菜种植户的户均生产额却高达420万元。此外，蔬菜的机械化耕作难度较大可能也阻止了蔬菜种植户扩大经营规模。蔬菜种植户虽然在土地规模上没有向规模化方向发展，但是从收入角度看，其收入规模可能并不比从事非农产业低。

表3－8　日本蔬菜种植户经营规模分布　　单位：千户，%

规模	2000年		2005年	
	数量	比例	数量	比例
0.1公顷以下	104	23.3	124	28.4
0.1~0.2公顷	99	22.1	109	24.9

续表

规模	2000 年		2005 年	
	数量	比例	数量	比例
0.2～0.3 公顷	59	13.2	50	11.4
0.3～0.5 公顷	63	14.1	52	11.9
0.5～1.0 公顷	59	13.2	48	11.0
1 公顷以上	63	14.1	55	12.6
合计	447	100.0	437	100.0

资料来源：农林水产省《农业调查》。

表 3－9　日本水果种植户经营规模分布　　单位：千户，%

规模	2000 年		2005 年	
	数量	比例	数量	比例
0.1 公顷以下	32	9.7	29	10.0
0.1～0.3 公顷	99	29.9	86	29.8
0.3～0.5 公顷	68	20.5	55	19.0
0.5～1.0 公顷	75	22.7	64	22.1
1.0～1.5 公顷	29	8.8	26	9.0
1.5～2.0 公顷	13	3.9	13	4.5
2 公顷以上	15	4.5	18	6.2
合计	331	100.0	289	100.0

资料来源：农林水产省《农业调查》。

虽然水果也是劳动密集型产业，但是水果产业农户经营规模分布特征与蔬菜产业呈现不同的变化趋势。水果产业农户经营规模与其他产业相似，呈现分化的趋势，0.1 公顷以下水果种植户的数量比重从 2000 年的 9.7% 增长到 2005 年的 10.0%，与此同时，经营规模在 1 公顷以上的农户（包括 1～1.5 公顷、1.5～2 公顷以及 2 公顷以上三个规模区间）的数量比重由 2000 年的 17.2% 增长到 2005 年的 19.7%。此外，水果种植户的数量在绝对值上呈现下降的趋势，虽然 1970 年水果栽培农户曾为 92 万户，但由于随后柑橘栽培农户数量急剧减少的缘故，2005 年水果栽培农户缩减为 29 万户。从户均栽培面积来看，2005 年户均栽培面积为 0.87 公顷，相比 1970 年扩大了 1.9 倍。户均生产额为 270 万元。与水稻经营规模相比，蔬菜、水果产业仍是以小规模经营为主，但是水果、蔬菜产品附加价值增加，农户通过农业设施和对产品高品质的追求，通过优质优价的竞争策略在以大量果蔬进口的日本市场上仍占有一席之地，并且保持了较高的收益。日本水果蔬菜产业的发展模式可能对具有同样人多地少资源禀赋的中国具有重要的参考价值。对于我国的水果、蔬菜产业，未来发展的方向可能也是以追求附加价值为主，这一内容将在下一部分进行详细叙述。

欧美日等发达国家农业分化发展是在全球化进程迅速推进的背景下，技术进步、农业政策引导、农业部门内部专业化分工以及农产品自身属性共同作用的结果。首先，技术进步是欧美日等发达国家农业分化发展的重要驱动因素之一，随着省力化机械技术和信息技术的发展以及遗传育种技术和作物栽培技术的应用，农业对于劳动力的依赖大大降低，这促进了农场规模的扩大。其次，各国政府积极采取各项措施，鼓励引导农户规模经营，提升农产品竞争力。在各国农业朝着规模化方向发展的同时，我们也发现由于农业部门内部专业化分工、农产品自身属性特征约束以及国民生活方式的改变，中等规模农场下降的幅度最大，而小规模农场比重在美国、日本甚至呈现上升趋势。那么，人地资料禀赋约束和劳动力转移不足以支撑我国农业完全实现户均百亩的适度规模经营现状下，结合农产品属性以及我国各地区资源禀赋特征，我国农业将呈现分化发展的趋势。应瑞瑶和郑旭媛（2013）以江苏和浙江两省的农业发展实践说明地形差异阻碍了机械对劳动力的替代，限制了经营规模的扩大，因此，浙江地区农户选择粮食作物改经济作物或者减少耕地复种程度。

3.2　我国农户经营规模演化趋势

我国是世界人口第一大国，人口总量占全球人口总数的20%，但是，耕地面积仅仅占全球耕地面积的9%，因此，我国差不多是世界上人均耕地面积最小的国家（韩长赋，2014）。图3－2描绘了自1980年以来我国户均耕地面积的变化情况。1978年我国进行了具有重要历史意义的农村改革，实施了家庭联产承包责任制，主要思想是将土地平均分配给农民，由农民自己进行种植决策。家庭联产承包责任制实施以来，我国户均规模呈现下降趋势，由1980年的0.56公顷持续下降到1999年的0.4①公顷。但是，进入21世纪以来，随着我国非农产业的发展，大量农村剩余劳动力流向城市从事工资更高的非农工作，农业户均规模呈现上升趋势，根据农业部门相关数据显示，2013年，我国户均经营规模达到0.47公顷（7亩）。户均经营规模只是农户经营规模的一个指标，并不能完全体现经营规模的结构变化，例如，MacDonald等（2013）指出，从2001年到2011年，美国户均规模由235英亩变为234英亩，变化幅度非常小，但是经营规模结构发生了巨大变化。因此，下一节将分析不同规模农户数量和经营面积的分布，从而更加深入地了解我国经营规模变化趋势。

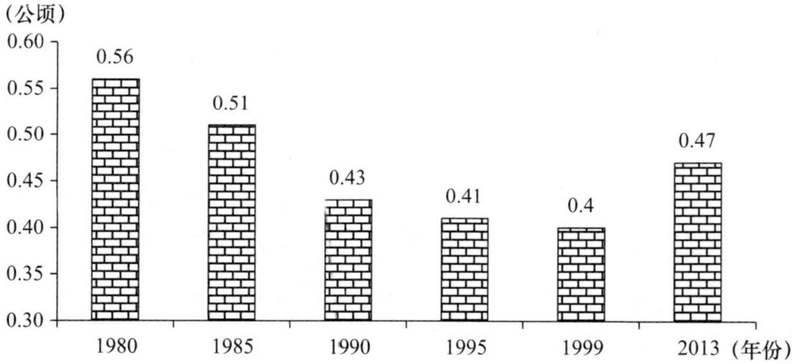

图3－2　我国户均规模变化趋势

注：1995年和1999年的户均规模与1997年农业普查的数据有出入，根据FAO数据显示，我国1997年农业普查的耕地面积为130039200公顷，户数为193445894个，本书以Fan和Chan－Kang（2005）的数据为准。

资料来源：1980～1999年的数据来源于Fan Shenggen，Connie Chan－Kang. Is Small Beautiful? Farm Size，Productivity and Poverty in Asian Agriculture［J］. Agricultural Economics，2005，32（1）：135－146；2013年的数据来源于陈晓华．深入推进农村经营体制创新　加快现代农业发展［J］．农村经营管理，2013（6）：6－10（韩长赋也指出农业人口人均耕地为2亩，一户以3.5口计算，户均大约7亩）。

① 该数据与中国第一次农业普查数据计算结果有出入，根据联合国粮农组织公布的我国1997年第一次农业普查的耕地面积数据以及农户数量，1997年的户均规模大约是10亩。当然，农业普查的口径可能与Fan和Chan－Kang（2005）的口径不同。这里我们将两个数据都列出来。

关于我国农户经营规模分布，目前没有官方数据可供使用。一方面根据我国第一次农业普查以及相关报告，可以得到以下结果：从1997年到2014年，我国农户经营规模结构发生了巨大变化，耕地面积正在向规模农户集中，其中，经营面积在50亩以上的农户数量由1997年的121万户增长到2013年的156万户，并且，大规模农户大约经营了3.15亿亩耕地，占我国耕地面积的20.7%（张红宇，2015）。这是我们能够找到的我国种植业经营规模分布的一个数据。

此外，作为农业经济学界知名学者，2016年美国农业与应用经济学会（Agricultural and Applied Economics Association Fellow）的Fellow黄季焜教授，他根据他们团队2003年、2008年以及2013年在华北和东北地区大约800个农户的跟踪数据[①]，大致描绘了我国不同规模农户数量和经营规模分布，如表3-10所示。2003年，样本中73.3%的农户经营规模小于1公顷，而经营规模大于3公顷的仅仅占4.3%，从经营面积来看，37.6%的土地由经营规模小于1公顷的农户在耕种，经营规模超过3公顷的农户只经营了21.9%的耕地面积。但是，随着国内

表3-10　我国不同规模农户数量和经营规模分布　　单位：%

规模	2003年		2008年		2013年	
	农户数量占比	经营规模占比	农户数量占比	经营规模占比	农户数量占比	经营规模占比
<1公顷	73.3	37.6	68.5	31.47	59.5	17.1
1~2公顷	15.7	23.5	17.2	22.64	18.8	16.1
2~3公顷	6.6	17	8.6	19.46	12.7	18.4
3~7公顷	4.1	19.2	5.4	23.02	8.1	21.7
7~15公顷	0.2	1.7	0.2	2.41	0.5	3.2
15~30公顷	0	0.5	0	0.76	0.1	1
30~70公顷	0	0.5	0	0.21	0.1	2.3
>70公顷	0	0	0	0	0.02	1.2

注：该数据主要是在东北和华北地区调研所得。

资料来源：黄季焜在国家自然科学基金委员会管理科学部“现代农业发展的政策研究”重点项目群2015年年终总结会上的汇报材料。

① 由于我国东北地区土地资源丰富，户均耕地面积高于全国平均水平以及绝大部分省区市，因此，该数据可能高估了全国的平均水平。

外环境的变化，经营规模小于1公顷的农户的数量比重显著下降，到2013年仅占59.5%，经营面积比重也下降到了17.1%。从这个数据可以看出，在2003年，经营规模小于1公顷的1%的农户经营了0.5%的耕地面积，而到2013年，经营规模小于1公顷的1%的农户仅经营了0.3%的耕地面积，即经营规模小于1公顷的农户的经营规模也在不断下降。与此相反的是，经营规模在3公顷以上的农户的数量比重由2003年的4.3%上升到2013年的8.7%，并且出现了经营规模大于30公顷，甚至是大于70公顷的大规模农户。经营规模大于3公顷的农户所经营的耕地面积比重也由2003年的21.9%上升到2013年的29.4%，并且该规模区间农户的平均规模也呈现扩张趋势。

3.3 我国粮食经营规模的政策措施

由文献综述部分可知，农户经营规模是在一定的经济、技术、资源禀赋以及政策条件下，农户通过优化土地、劳动力、资本、技术等各种投入要素配置，以取得最佳的经济效率而形成的合理的规模水平。农业规模化经营是进行农业专业化、标准化、集约化、现代化、机械化生产的内在要求，是提高农业国际竞争力的重要途径。中国是农业大国，目前大约拥有2亿多农户，农业科学技术相对落后，农民知识储备相对匮乏，农业资源利用率较低，农业资源浪费与破坏现象严重，并且农产品国际竞争力呈下降趋势。伴随着工业化、城镇化的快速发展，我国农业发展相对滞后，成为“四化”同步的短板。要发展现代农业，推进农业适度规模经营是必由之路。我国从20世纪90年代开始鼓励土地流转，但是成效并不显著。中国历史上的土地政策以及土地规模经营情况大致经历了以下几个阶段。

第一，新中国成立初期到1978年家庭联产承包责任制改革。从新中国成立到1978年家庭联产承包责任制实施之前，我国经历了两次土地制度改革。第一次土地改革是在1953年之前，主要措施是没收地主的土地并分发给没有土地的农户，这是一种平分土地的政策，降低了农业经营的平均规模。但是，新中国刚刚成立，农业生产资料非常匮乏，很多分到土地的农户由于缺乏必要的生产工具而无法进行正常的生产。因此，随后进行第二次土地改革，实施了公社化运动，农户将土地和其他生产资料入社，农户经营规模迅速扩大，但这次改革以失败告终。通过土地改革、农业合作化和人民公社化运动，在土地经营十分狭小的小农经济基础上，建立起集体经济组织和国营农场. 此时尽管实现了规模化生产，但不论是从土地生产率还是劳动生产率，其经营成效都非常低，这种"大锅饭"形式的大规模经营存在着诸多的弊端。我国从农业合作化至1978年，各阶段集体生产单位平均土地经营规模非常大，高级社时期经营规模甚至能够达到200公顷左右，但是，由于制度设计得不合理，没有考虑到农户激励问题，干多干少一个样，并不利于调动农民的生产积极性和创造性，加上农业技术的缺乏，这种经营规模无疑是一种灾难，经济效益非常差，最终以失败告终。

第二，家庭联产承包责任制改革。家庭联产承包责任制改革是在吸取公社化运动失败经验的基础上创新出的一种土地改革措施，在我国甚至是世界历史上留下了浓墨重彩的一笔。经过家庭联产承包责任制改革，我国农业生产力迅速上升，以世界9%的耕地养活了20%的人口（Carter，2011）。1978年农村经济体制改革之后，中国确立了家庭联产承包经营制度，土地归农村集体所有，但赋予村庄内部每个成员合法、平等的土地承包经营权，以家庭人口或家庭劳动力作为土地分配的标准对土地进行均分，并且由承包户自己进行种植决策，交够国家的，留足集体的，剩下的都是自己的。这种土地福利化的制度安排为农民提供了基本生存保障，极大地激发了农民生产的积极性，促进了我国农业生产力的提高。但是，韩俊（1998）认为家庭联产承包责任制这种"均田制"政策限制了我国农户经营规模的扩大。在土地原本就很紧张的条件下，均分土地进一步导致了农地经营的细碎化，形成了一种以农户为经营实体的小规模农业状况。20世纪80年代中后期，逐步出台一系列旨在促进土地流转和规模经营的政策措施，以避免土地的进一步细碎化。1988年宪法修订首次实现了从"不得出租土地"到"土地的使用权可以依照法律的规定转让"的转变，奠定了土地使用权合法流转的宪法地位。

第三，我国鼓励适度规模经营的历程。1993年中央政府提出了农地承包期"30年不变"和"增人不增地、减人不减地"的政策，1998年中共十五届三中全会第一次明确提出要“赋予农民长期而有保障的农地使用权”，这既保障了农民的土地权益，也有利于防止因人口变动而发生承包地的频繁调整。2002 年中共十六大报告提出，“有条件的地方可按照依法、自愿、有偿的原则进行土地承包经营权流转，逐步发展规模经营”，实现了农地流转的合法化；2003 年《农村土地承包法》实施，为土地流转实践奠定了法律基础。2006 年《关于推进社会主义新农村建设的若干意见》、2007 年《关于积极发展现代农业　扎实推进社会主义新农村建设的若干意见》、2008 年《关于切实加强农业基础建设　进一步促进农业发展农民增收的若干意见》、2009 年《关于促进农业稳定发展　农民持续增收的若干意见》、2010 年《关于加大统筹城乡发展力度　进一步夯实农业农村发展基础的若干意见》等文件均鼓励永久离开农村地区的农户将土地流转给其他农户耕种。

2011 年，农业部等六部门联合成立了全国农村土地承包经营权登记试点工作领导小组，制定下发了《关于开展农村土地承包经营权登记试点工作的意见》，在 28 个省（自治区、直辖市）确定了 50 个县（市、区）为全国农村土地承包经营权登记试点地区，共涉及 710 个乡镇，1.2 万个村，477 万农户，2252.67 千公顷耕地，全国已有 800 多个县市建立了土地流转有形市场，1.3 万个乡镇设立了土地流转服务中心，全国共设立农村土地承包仲裁委员会 1848 个，聘任仲裁委员 16497 名。

2012 年，在中共十七届三中全会上审议并获得通过和公布的《中共中央关于推进农村改革发展若干重大问题的决定》中，出现土地承包经营权长久不变的字样。2013 年中央一号文件提出“鼓励和支持承包土地向专业大户、家庭农场、农民合作社流转，发展多种形式的适度规模经营”。2013 年，中共十八届三中全会同样涉及不少关于土地流转方面的内容，包括进行农地的确权、登记工作；创新农村土地承包经营权流转实现方式的多样化；通过信托、抵押等方式与金融创新相结合；通过转包、出租等增加农民的资产性收益等。

2014 年《国务院办公厅关于引导农村产权流转交易市场健康发展的意见》，要求各地区引导农户承包经营权、林权等各类农村产权交易市场健康发展，提高农村资源的配置与利用效率，加快推进农业现代化进程。2014 年 11 月，中共中央办公厅、国务院办公厅印发《关于引导农村土地经营权有序流转　发展农业适度规模经营的意见》（以下简称《意见》），进一步明确了鼓励农户土地经营权流转，发展适度规模经营对推进我国农业现代化进程的重要意义，《意见》要求各地区在推进适度规模经营的过程中既要积极也要稳妥，经营规模要与城镇化进程和农村劳动力转移规模相适应，与农业科技进步和生产手段改进程度相适应，与农业社会化服务水平提高相适应。

此外，2014年中共中央办公厅、国务院办公厅印发的《意见》指出适度规模经营要因地制宜、循序渐进，农业适度规模发展要与城镇化进程和农村劳动力转移规模相适应，要与农业科技进步和生产手段进程相适应，要与农业社会化服务水平提高相适应。《意见》还指出，现阶段应该重点扶持土地经营规模相当于当地农户平均承包面积的10～15倍、务农收入相当于当地二、三产业务工收入的农户。中央政府从我国的现实情况出发，认为经营规模主要受到农业技术、劳动力转移水平以及农业社会化服务水平等因素影响，对推进适度规模经营提出了具体的要求。

农业与土地政策是决定农户经营规模分布的重要因素，不仅仅是中国通过相关土地政策调整农户经营规模，一些发展中国家或者发达国家曾经处于发展中阶段时，均采取过相关土地政策，试图控制经营规模的变化。速水佑次郎和神门善久（2003）指出，如果没有农地制度的限制，具有规模经济效应的农业机械的普及将充分发挥大规模经营的优势，从而导致土地逐渐向大规模农户集中。在韩国农村改革之前，土地主要集中在少部分人手中，无地农户通过租借土地进行农业生产，支付较高的地租，1950年韩国政府推动土地改革，从地主那里购买土地，发给小农户或者无地农户，政府规定规模不可超过3公顷，而且限制规模扩大（Fan and Chan－Kang，2005）。Adamopoulos 和 Restuccia（2014）通过对全球多个国家农业相关数据的分析表明，投入要素差异仅解释了各个国家农户经营规模差异的25%，而剩余的部分主要归因于农业政策和制度所造成的农户资源配置的扭曲，这些政策主要包括实施明确的土地规模上限，超过上限的农户将被分解（包括孟加拉国、智利、巴基斯坦、印度、韩国、菲律宾等）；规定经营规模区间（如印度尼西亚和津巴布韦）；征收土地累进税，大规模农户税率高于小规模农户（如巴西、巴基斯坦等）以及一些只针对小规模农户的投入要素补贴 。

但是也有一些国家积极鼓励规模经营，日本政府在1961年通过《农业基本法》，并采取多项鼓励规模经营的政策，在一定程度上扩大了农户的经营规模，缩小了农业与非农业的收入差距（Fan and Chan - Kang，2005）。除了一些特定政策对农户经营规模产生直接影响以外，从实证角度总体评价农业政策对农户经营规模的影响是非常复杂甚至是不可能的，因为农户规模是各种政策共同作用的结果，而各种政策的作用机理是不一样的，比如补贴政策可能导致一些生产力较低的农户存活得更久，一些针对土地或者其他生产资料补贴的政策可能让生产资料所有者受益，但农业经营者规模不会变化（Sumner，2014）。从特定产品和特定政策角度来看，农业政策对经营规模的影响最终将取决于补贴产品的供给弹性、补贴产品与其竞争产品的相对补贴力度、生产要素的可获得性以及潜在的风险偏好（Sumner，2014）。

3.4 我国种植业经营主体分化发展的路径

我国人多地少，经营规模细小且分散，生产效率不高，抵御自然风险、市场风险的能力不强，在城市化、工业化快速推进的背景下，农业成为“副业”，“谁来种地”、“怎么种地”的问题日渐突出。以土地流转为基础，通过培育多种形式的经营主体，进行适度规模经营，是我国农业现代化的必由之路（陈锡文，2013；郭晓鸣和董欢，2014；周应恒和严斌剑，2014）。2013 年底，经营规模在 200 亩左右的家庭经营主体达到 87 万个，在 50 亩以上的达到 287 万个（张红宇，2014）。然而，适度规模要与城镇化进程和劳动力转移规模相适应，现阶段仍然存在较多约束，尤其是种植业，我国有 1.9 亿户农户在经营耕地，如果要达到户均经营百亩左右的规模，那就需要转移出 90% 以上的农户，这显然不是在短期内能够实现的（陈锡文，2013）。因此，我国农业经营主体将呈现分化发展的趋势。有关我国农业经营主体分化发展的思想可以追溯到新中国成立初期开展的高级合作社时期，当时我国农业发展的规划：一条是建立在专业化、商品化、市场化、机械化基础上的适度规模型路径；另一条是建立在生物化、技术化、保护型、劳动密集型基础上的家庭制小农经济（曾福生，2011）。胡必亮（2003）也主张我国农业重点在于确立“双轨并行”的制度，即稳定自给性小农，发展商业性大农。以上观点的局限性在于，一方面忽略了经营对象的差异，并没有指明每条路径的经营对象；另一方面低估了小农户的能力，小农户不一定是自给型的，也不一定需要保护，小农户也可以保持相对的竞争力（Fan and Chan－Kang，2005）。小农户可以通过联合、合作以及社会化服务组织，实现在各个环节的服务规模；此外，虽然小农户在规模上不占优势，但可以通过选择经营高附加值产品，通过差异化竞争实现一定程度上的经济规模。小规模农户经营水果、蔬菜等高附加值产品的优势在于可以通过较小的规模实现较高的产值。我国农业经营主体分化发展，可以兼顾农业与农民问题。

我国农村改革30多年来，以家庭承包经营为基础、统分结合的双层经营体制显示了巨大的优越性，取得了粮食产量翻番，其他农产品产量成倍增长这一举世瞩目的成就。因此，我国未来农业分化发展必须建立在家庭经营的基础上。家庭经营农业的优越性不仅在中国得到体现，根据联合国粮农组织发布的《2014年粮食及农业状况》显示，全世界约5.7亿个农场中，90%由家庭经营，80%的粮食产自家庭农场，75%的农业资源由家庭农场使用。此外，美国数据同样显示96%的经营主体是家庭农场，并且生产了87%的农业总产值。

同时，相关农业普查数据表明，欧美日等发达国家农业分化发展趋势中小规模农户绝对数量或相对数量增加一部分是由那些能够从非农部门获得工资性收入或退休收入，不考虑农业经营成本与收益，将经营农业作为一种爱好的主体增加造成的。以美国为例，美国小规模农场（销售额小于10万美元）的平均净收入为－2500美元（Sumner，2014）。当然，在日韩等国家也不乏一批小规模家庭农场通过合作经营及产业化发展，深入挖掘农产品附加值，实现差异化竞争，提高家庭收入。我国人地资源禀赋条件以及保障粮食安全、增加农民收入的政策约束，决定农业分化发展要充分考虑资源的有效配置，现阶段尽量避免不考虑成本收益的经营主体进行低效率经营。

3.4.1　土地利用型产品：适度规模经营户＋社会化服务组织

我国土地利用型产品经营的发展趋势主要是通过适度规模降低平均成本，进行高效可持续经营。水稻、小麦、玉米等大田作物具有土地密集型特征，亩均产值较低，小规模农户经营的平均成本较高，缺乏竞争力。随着近几年最低收购价格的提高，我国粮食国际天花板效应逐渐显现，2013 年下半年，小麦、玉米、大米的国内价格分别高出进口粮食的国内到岸完税价的 5%、6% 和 25%，我国粮食进口规模占全年粮食消费总规模的比重已经超出 10% 的安全警戒线，并且，我国粮食由于价格过高面临“国货入库，洋货入市”的困境，国内农业产业安全形势严峻。农户平均成本曲线一般是“L”型的，在一定范围内，平均成本将随着规模的扩大呈现迅速下降的趋势。许庆等（2013）通过对我国粮食主产区农户样本进行实证分析，认为在考虑细碎化的影响后，我国粮食生产总体上而言规模报酬是不变的，但是扩大经营规模有助于实现规模报酬递增，降低平均成本。此外，由于当前我国人地资料禀赋及技术的约束，适度规模相对于欧美国家还是低水平的，经营农业的平均成本仍然过高，单个农户购买资本密集型的设备既不利于平均成本降低，也不利于相关设备使用效率的提高，日本在高额补贴背景下的农业经营实践已经验证，那么，可以通过社会化服务组织提供机耕、机种、机收、施肥、施药等服务，在某些环节实现更高水平的适度规模，我国跨区域作业的农机工作量不亚于美国农场机械的工作量（Yang et al.，2013）。因此，针对土地利用型、机械化程度较高的大田作物经营，应该引导土地互换、流转向适度规模经营户集中，结合社会化服务，降低大田作物经营的平均成本，应对国际竞争。郭晓鸣、董欢（2014）通过对西南地区粮食经营的观察，认为土地股份合作的形式可以将土地流转中高昂的交易费用内生化，在提高土地经营规模的同时进一步降低大田作物经营的成本。

从支农政策角度来看，首先，应该以市场导向为主辅之以政策手段，培育一批愿意经营农业的新型经营主体与社会化服务组织，对经营主体相关技术采用行为进行培训，购买的相关机械设备给予补贴；其次，由于保障粮食安全对于我国十分重要，应该继续保持粮食的价格支持政策，稳定粮食市场价格，但是，随着适度规模经营下单位产品成本的降低，可以逐步降低最低收购价格或者从最低收购价格补贴向目标价格补贴转变；最后，由于我国粮食“十连增”是建立在掠夺式经营的基础上，造成了一系列的农业面源污染问题（Yu and Zhao，2009），因此，应该加强对生态高效的化肥、农药以及适用性机械技术的研究与开发，保持农业的可持续发展。

3.4.2 劳动密集型产品：小规模经营户+合作组织

我国劳动密集型产品经营的路径主要是发挥小规模农户劳动力资源优势，通过合作经营，挖掘农产品附加值，避免同质化竞争。Fan 和 Chan - Kang（2005）认为提高高附加值产品种植比重对于小规模农户应对全球化竞争，增加收入十分重要。水果、蔬菜等高附加值作物具有劳动密集型的特征，亩均产值较高，小规模农户可以通过合作经营，挖掘农产品附加值，进行差异化竞争，实现经济规模。钟甫宁（2005）指出改革开放以来我国农业内部结构调整对农业发展和农民增收做出了重要贡献，现阶段应该进一步允许并鼓励各种资源转向劳动密集型产品的生产。韩国政府近期将“六次产业化”[①] 作为农政的重要课题，即鼓励农业经营者将农作物和土特产（第一产业）与制作、加工（第二产业）以及流通、销售、文化、体验、观光等服务（第三产业）相结合，充分挖掘农产品的附加值。根据农业普查数据显示，美国蔬菜、水果等高附加值作物仅利用3.6%的耕地就创造了36.8%的农业产值（USDA，2013），而我国用44%的土地生产蔬菜、水果等高附加值产品，创造了85%的产值（黄宗智，2014；黄宗智和高原，2014），与美国相比，我国水果、蔬菜的附加价值还有很大的开发潜力。传统经营水果、蔬菜的小规模农户由于数量庞大，经营种类繁多，商品化处理水平低，缺乏与市场谈判的能力以及营销技能，附加价值未能有效开发。农民专业合作社作为新型农业经营主体的重要组成部分，目前已经成为中国推进农业现代化的核心力量之一（黄祖辉和俞宁，2010）。合作经营可以帮助小农户提高市场谈判地位，解决单家独户办不了、办不好、办起来不划算的问题（陈晓华，2014）。从制度经济学的视角来看，以“合作社+农户”为代表的组织模式具有完全垂直一体化、组织利益的高度一致性、均衡的博弈关系、劳动雇佣资本的特征（郭晓鸣等，2007）。在现实中，合作社确实在一定程度上缓解或消除了小规模农户参与市场的困境，将分散的小规模农户组织起来进入农产品供应链以应对现代市场所要求的各种产品标准和交易特征（黄祖辉和梁巧，2007），同时，合作组织也可能承担某些环节的社会化服务职能，实现专业化生产（张颖熙等，2010）。因

① 六次产业化的内涵是：“1+2+3=6”，“1×2×3=6”。

此，小规模农户适合经营水果、蔬菜等劳动密集型的高附加值产品，通过联合、合作的组织形式，延长产业链条，挖掘产前、产中和产后可能增值的空间，重点建设产品产后商品化处理设施、打造特色化营销品牌，同时，有条件的地区和产品可以设立直销网点，将流通、零售环节的利润内生化，提高以小规模农户为主体的合作社的整体盈利水平。此外，近些年大量涌现出农家乐，果蔬直采基地以及果蔬配送基地，这些形态的出现都有效拓宽了农业经营的利润空间。

从支农政策角度来看，首先，引导从事水果、蔬菜经营的小规模农户通过联合，组建专业合作社，选举有能力的人担任合作社负责人，增强农产品销售的市场谈判力量；其次，对于农产品产后商品化处理设施建设与升级给予政策支持与财政补贴，大力开展农产品质量检验与认证工作，为合作社提高农产品质量水平、打造区域特色农产品品牌提供相应服务，加强农村道路交通基础设施建设，为农产品流通奠定基础，建立农村金融信贷体系，破除农业经营的资金约束；最后，注重蔬菜产、销信息统计与发布工作，避免蔬菜价格剧烈波动。

经营主体分化路径下的适度规模是一个动态的演变过程，既可以是同类产品经营规模的分化，也可能是产品间经营规模的分化。我国应该优先引导劳动力完全或基本转移且有意向的小规模农户、兼业农户的土地向适度规模户集中，从事土地利用型作物生产，降低平均成本，应对国际竞争，保障我国粮食安全。现阶段适度规模的标准可能是当地经营规模的 10 ~ 15 倍或获得与从事二、三产业相当的收入。随着城镇化和技术水平发展以及劳动力转移进程的推进，经营规模可能进一步扩大并分化。

3.4.3 我国种植业经营主体分化发展的理论解释

以上内容从国际经验以及我国面临的现实情况两个方面对我国未来农业经营主体将呈现分化发展做出了判断，并且根据农产品的属性，认为水稻、小麦和玉米等土地利用型作物将通过社会化服务组织进行适度规模经营；水果、蔬菜等高附加值作物可以通过合作组织联合小规模农户经营。那么，下面将从农民增收的角度，进一步利用我国数据论证这种分化发展路径的合理性。钟甫宁和何军（2007）指出增加农民收入就是要增加农民非农就业机会，转移农民。中国当前的情况既无法满足将农村的所有剩余劳动力全部转移，也存在农村人力资源积累与准备不足的问题。根据笔者的调查显示，某些地方在劳动力转移、土地流转方面急功近利，导致一系列社会问题的发生。因此，劳动力转移、土地流转应该循序渐进，在这种进程中通过分化经营，各有侧重，兼顾农业和农民问题。

速水佑次郎和神门善久（2003）以及 Douglas 等（2014）将农业劳动生产率（Y/L）分解为土地装备率（人均耕地面积）和土地生产率（单产），公式如下：

$$\frac{Y}{L} \equiv \frac{A}{L} \cdot \frac{Y}{A} \tag{3-1}$$

式中，Y 表示农业总产量，L 表示农业就业人数，A 表示农地面积。对于本书的分析而言，需要在式（3－1）的两边乘以农产品价格，将农业劳动生产率转换为农业劳动力的收入，如式（3－2）所示：

$$I = \frac{Y}{L} \cdot P \equiv \frac{A}{L} \cdot \frac{Y}{A} \cdot P \tag{3-2}$$

式中，I 表示农业劳动力的收入，P 表示农产品价格，其余字母意义同上。从式（3－2）可以看出，提高农民收入可以从提高人均耕地面积、提高单产以及提高农产品价格三个方面着手。

对于土地利用型农产品经营户来说，2012 年三种粮食的单产为 451.35 千克/亩，大约是全球三种粮食单产前十名国家平均水平的一半①，处于世界中上等水平；平均价格为 2.45 元/千克，近五年来单产和平均价格分别提高 9.9% 和 51%。但是，三种粮食的亩均利润不仅相对水平较低而且呈现下降趋势，由 2007 年的 185.18 元下降到 2012 年的 168.4 元，如表 3－11 所示，表明单产和价格的提升幅度小于成本增加的幅度，即通过提升单产和价格来提高我国土地密集型产品经营户收入的方式并不可行。那么，只能通过提高土地装备率来提高农民收入。当前，我国农业人口人均耕地 2 亩左右，但是，随着城镇化、工业化发展，我国农村劳动力大量转移到城市，农村土地出现粗放经营甚至抛荒的现象（郭晓鸣，2013）。保障粮食安全对于我国来说意义重大，因此，我国应该优先引导、鼓励劳动力完全或基本转移且有意向的小规模农户、兼业农户的土地向适度规模户集中，从事土地利用型作物生产，提高土地装备率。

① 根据 FAO 数据整理得到。其中，2012 年全球玉米、水稻和小麦单产前十名国家的平均水平分别是我国的 2.7 倍、1.26 倍和 1.54 倍。

表 3－11　我国农产品亩均成本收益资料汇总

年份	三种粮食					
	用工天数 (1)	产值 (2)	产量 (3)	成本 (4)	利润 (2) － (4)	单价 (2) / (3)
2007	8. 18	666. 24	410. 8	481. 06	185. 18	1. 62
2012	6. 43	1104. 82	451. 35	936. 42	168. 4	2. 45
年份	苹果					
	用工天数 (1)	产值 (2)	产量 (3)	成本 (4)	利润 (2) － (4)	单价 (2) / (3)
2007	36. 28	4837	1726. 8	2394. 43	2442. 57	2. 80
2012	40. 37	8772. 26	2058. 55	4745. 37	4026. 89	4. 26
年份	蔬菜					
	用工天数 (1)	产值 (2)	产量 (3)	成本 (4)	利润 (2) － (4)	单价 (2) / (3)
2007	42. 52	4329. 29	3567. 5	1928. 99	2400. 3	1. 21
2012	33. 84	6099. 72	3883. 15	3332. 64	2767. 08	1. 57

注：①产值、成本和利润的单位为元/亩；产量单位为千克/亩；单价单位为元/千克。②用工天数按照每天 8 小时折算成标准天数，实际过程中亩均用工天数可能远远超过此处统计数据。

对于劳动密集型高附加值农产品经营户来说，由于我国人地资料禀赋以及保障粮食安全的要求，提高土地装备率已经不可能，那么只能通过提高单产或通过提高附加值、增加产品的价格，提升农户收入水平。周应恒（2012）的研究结果表明，标准化日光温室蔬菜亩均收益相当于大田作物的 18 倍，从表 3－11 的数据我们也可以看出，2012 年苹果和蔬菜亩均利润大约是三种粮食的 24 倍和 16 倍。根据联合国粮农组织的数据显示，我国水果和蔬菜的单产大约是全球前十名国家平均水平的 36% 和 52%，虽然单产方面还有一定的空间，但是单产是技术以及自然资源条件共同作用的结果，不是短期内能够实现的。那么，我国经营果蔬的小规模农户只能从当前的产值上做文章，提高产品的附加值。从表 3－11 的数据我们可以看出，苹果的用工天数呈现上升的趋势，这和果农着眼于精细化经营、提升苹果附加值有关，比如苹果套袋技术的采用，通过套袋可以降低果实重金属及农药残留的影响（陈合等，2006），从而提高产品质量与农民收入。钟甫宁（2014）认为农户调整生产结构，改种高附加值产品必须以有需求产品的市场为前提。Hu 等（2011）研究认为，如果产品能够清晰地标识是小规模农户生产，那么，消费者愿意支持并购买他们的产品。这为小规模农户走高附加值道路提供了实践证据。

3.5 本章小结

本章主要分四个部分进行展开，第一部分是总结不同资源禀赋国家农业经营规模的演化趋势，选择人少地多的美国、人地适中的法国、人多地少的韩国和日本，从种植业农场整体和具体产品两个角度进行归纳总结。研究发现不同资源禀赋国家农业经营规模均呈现小规模经营主体数量和经营面积占比以及大规模经营主体数量和经营面积占比上升，而中间规模经营主体数量和经营面积占比下降的分化发展趋势。第二部分是基于现有的数据分析了我国农业经营规模分布变化的趋势，发现我国大规模经营主体经营面积比重不断增加，而小规模农户数量和经营面积占比呈现下降趋势。第三部分总结了我国从新中国成立初期到当前阶段的相关土地政策，从新中国成立初期鼓励集体规模化经营到改革开放以来的家庭联产承包、细碎化经营，再到 20 世纪 90 年代开始的鼓励适度规模经营。基于以上的分析，第四部分阐述了我国未来种植业可能的发展模式以及相应的建议。现阶段我国农业面临着粗放经营、后继无人、竞争力下降以及农民增收乏力的问题。相关研究指出，我国农业现代化发展应该以土地流转为基础，通过培育多种形式的经营主体，构建新型经营体系，从事适度规模经营。但是，以上观点仅仅描绘了农业现代化发展的轮廓，并没有指明具体路径。本章通过对欧美日等三种人地资料禀赋国家农业经营主体分化实践的观察，结合我国保障粮食安全和农民增收的政策目标以及人地资料禀赋特征，认为我国农业经营主体应该呈现分化发展的路径，既要在水稻、小麦和玉米等土地利用型作物上实现适度规模经营，降低成本，应对国际市场竞争；又要通过引导小规模农户通过合作组织生产蔬菜、水果等高附加值产品，兼顾农民收入问题。在此基础上，从农民增收的角度，利用我国农产品成本收益资料对这种分化发展的合理性做出了论证。本章还认为适度规模不仅仅是经营一定土地面积的农户所达到的适度规模，还应该包括经营土地面积较小的农户利用合作与社会化服务组织在某些生产环节实现的适度规模。同时，农业经营主体分化发展是一个动态的过程，随着城镇化快速推进以及技术水平的提升，不仅在同一产品内实现分化经营，还会在不同属性产品间实现分化经营，甚至会出现一定数量的不以盈利为目的的“归农”经营主体。那么，相关政策应该根据不同阶段的目标做出及时、有效的调整。

第4章　经营规模与粮食生产成本演化趋势及影响机制

4.1　经营规模对生产成本影响的机制分析

4.1.1　经营规模对粮食生产成本结构的影响机制分析

在城镇化、工业化迅速发展的背景下，对于土地密集型的水稻和小麦作物而言，各个环节的机械化程度相对较高。在劳动力价格相对于机械价格上升时，农户将会选择使用机械替代人工，规模越大，机械成本占生产总成本的比重将越高，而人工成本的比重将越低。此外，化肥和人工之间可能存在显著的替代关系，并且土地和化肥之间也有很强的替代关系。那么，在我国劳动力成本不断攀升的背景下，随着规模的增加，农户可能减少人工而增加化肥使用，同时，小规模农户由于土地资源稀缺，其也会通过多施用化肥来克服土地资源限制，增加产量。所以，随着规模的扩大，农户化肥成本占生产总成本的比重可能提高。

此外，随着规模的扩大，虽然人工成本的相对份额会降低，但是人工成本的绝对值可能会增加，并且增加的劳动需求主要通过雇工完成，规模越大，雇佣人工成本占人工总成本的比重将越大。

4.1.2　经营规模对前沿成本和效率损失成本的影响机制分析

随着农户经营规模的扩大，单位平均前沿成本下降可能是因为农业生产过程中某些固定资产投入具有不可分割性，如耕地、收割、烘干等机械以及农产品加工、储藏设施建设等，单位产品分摊的成本随着农户规模的扩大开始下降。此外，随着规模的扩大，农户可能使用无水氨或者氮溶液代替袋装化肥，降低每单位产品化肥成本；同时，一些闲置的生产能力也会因为规模的扩大与一些新投入的要素共同发挥作用，获得规模经济，并且这种资源的整合与充分利用将是企业（或者农户）获得成本优势的关键。

然而，在前沿成本方面，由于中国水稻生产仍然以传统的生产方式为主，农户对水稻生产的固定成本投入非常少，90%以上是变动成本（庞守林等，2005）。近年来，随着我国农业社会化服务市场的形成，农户通过购买农机服务的形式降低对农业机械等固定资产的投入。因此，规模的扩大对我国农户机械、加工、储藏设施等固定资产投入成本的分摊作用可能并不明显。大规模企业或者农户可能通过规模优势在采购生产要素时获得折扣，实现货币的外部性（Pecuniary Externalities）：一方面是大量采购可以节省一些不必要的成本；另一方面是大量采购可以形成谈判能力，这些可能是大规模企业（或者农户）降低单位产品成本的途径。此外，随着农村土地市场的形成与完善，土地成本开始显现，并且成为农户成本的重要构成部分。由于我国户均规模细小且分散，大规模农户如果想通过流转土地实现规模经营，那么，随着流转土地面积的增大，其需要与越来越多的小农户进行谈判，产生的交易成本较高，转入土地面积越多交易成本越高，单位产品的前沿平均成本可能因此不降反增。

此外，我们通常所说的“U”型或者“L”型单位平均成本曲线是假设不存在效率损失的，是有“效率”的前沿成本。实践过程中农户的实际成本可能因为效率损失而高于前沿成本。在效率损失成本方面，根据相关研究结论，随着农户经营规模的扩大，效率损失成本可能降低。效率损失成本可以进一步分解为技术效率损失和配置效率损失。

经营规模扩大对技术效率影响方面主要体现在以下几个方面：一是由于我国土地细碎化经营非常严重，小规模农户地块分布在不同地方并且每块地的面积小且不规则，没有机耕机收道路，水利设施比较落后，这将严重影响相关技术尤其是机械技术的效率。随着规模的扩大，农户将会对集中的土地进行平整，便于机械化操作，提高技术效率。二是大规模农户也会倾向于选择一些效率较高的新技术。三是农户可能通过购买服务，像工业生产那样在各个环节进行专业化生产，如购买技术熟练的农机手提供的机耕、机收服务，购买经验丰富的农技专家提供的病虫害防治服务，从而提高生产技术效率。四是政府会开展一些针对大规模农户的技术培训，这也有助于提高农户技术效率。此外，不同国家可能存在差异，对于发展中国家，经营规模与农业生产技术效率可能存在负向关系，但是对于农业技术推广体系比较完善的发达国家可能是正向关系。

经营规模扩大对配置效率影响方面体现在以下几个方面：一是大规模农户资源配置的扭曲更小，在劳动力工资相对于资本成本上升的背景下，大规模农户使用资本替代劳动，而小规模农户由于缺乏非农就业机会，或者相关资源的限制，大量农活可能仍然依靠劳动力；二是大规模农户经济实力更强，银行更愿意向大规模农户贷款，而小规模农户贷款非常困难，大规模农户与小规模农户面对不同的资本价格，而大规模农户面对的资本价格更接近市场价格，而小规模农户的资本要素相对于其他要素可能存在扭曲。此外，大农户和小农户的行为取向存在显著差异，对于小农户来说，劳动的有效价格较低，而土地和资本的有效价格较高，大农户正好相反，并且大农户大多面对的各项要素价格更接近于市场价格。

4.1.3　经营规模与效率水平不匹配对生产成本的影响机制分析

虽然上一部分的分析表明随着经营规模的扩大，农户效率损失成本将呈现一定的变化趋势，但这是就整体样本中不同经营规模区间的平均值而言。对于某一具体的经营规模，农户效率损失同样可能存在差异，效率损失相对较低的农户可能因为某些条件的限制，其经营规模并未达到其最优水平，但是其可能已经具备管理更多工人的能力，并且能够熟练运用相对先进的机械设备，能够高效管理经营风险。那么，如果该农户扩大经营规模将会引起单位产品生产成本较大幅度的降低。而效率损失水平相对较高的农户，经营规模扩大对其单位产品成本并不会造成较大幅度的降低，甚至可能抵消规模扩大所带来的成本优势，产生规模不经济现象。由于我国经营规模的推进存在行政因素的干扰，很多地方通过财政补贴的方式鼓励农户扩大经营规模，各个地方过度追求土地经营规模的扩大，而忽略了与土地相配套的其他要素的适度规模，农业适度规模经营不是土地这一个要素的适度规模经营，还需要包括农户经营管理能力、基础设施建设等一系列投入要素的适度规模。因此，农民培训项目、基础设施水平以及要素市场化改革没有配套跟进，这可能导致经营规模扩张速度过快，农户当前的效率损失与其经营规模并不匹配，从而造成无法有效降低其单位产品成本。

4.2 我国粮食生产成本及结构演化趋势

4.2.1 我国水稻亩均生产成本及结构演化趋势

我国水稻生产成本经历了一个快速上升的趋势。如图 4－1 和图 4－2 所示，从 2004 年到 2014 年，亩均粳稻的生产总成本由 501.8 元上升到 1334.3 元，上涨了 1.7 倍，年均增长率为 10.3%。其中，物质与服务费用①在粳稻生产总成本中占据主导地位，2004 年亩均物质与服务费用为 270.5 元，占亩均生产总成本的比重为 53.9%，到 2014 年，亩均物质与服务费用上涨到 522.7 元，上涨了 0.9 倍，但是，其占亩均生产总成本的比重下降到 39.2%。与此相反的是，随着工业化和城镇化发展，土地成本②和人工成本③增长速度远远高于物质与服务费用的增长速度。亩均人工成本由 2004 年的 156.1 元上升到 2014 年的 460.1 元，增长了 1.9 倍，年均增长率为 11.4%，与此同时，亩均人工成本占总成本的比重由 2004 年的 31.1% 上升到 2014 年的 34.5%，波动幅度相对较小。而亩均土地成本增长最快，由 2004 年的 75.2 元上升到 2014 年的 351.5 元，上涨了 3.7 倍，年均增长率达到 16.7%，并且亩均土地成本占总成本的比重也呈现快速上涨趋势，由 2004 年的 15% 上升到 2014 年的 26.3%。

① 物质与服务费用包括直接费用和间接费用两大类，其中，直接费用包括种子费、化肥费、农家肥费、农药费、农膜费、机械作业费、排灌费、燃料动力费、技术服务费、工具材料费、修理维护费和其他直接费用；间接费用包括固定资产折旧、保险费、管理费、财务费以及销售费用。

② 土地成本包括自营地折租和流转地租金两个部分。

③ 劳动力成本包括家庭用工折价和雇工费用两个部分。

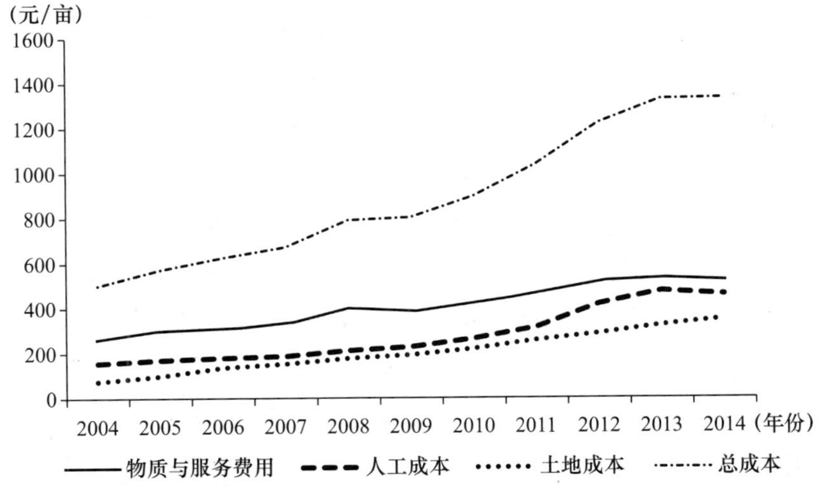

图4－1　2004～2014年我国粳稻亩均成本变化趋势

资料来源：根据《全国农产品成本收益资料汇编》2005～2015年数据计算所得。

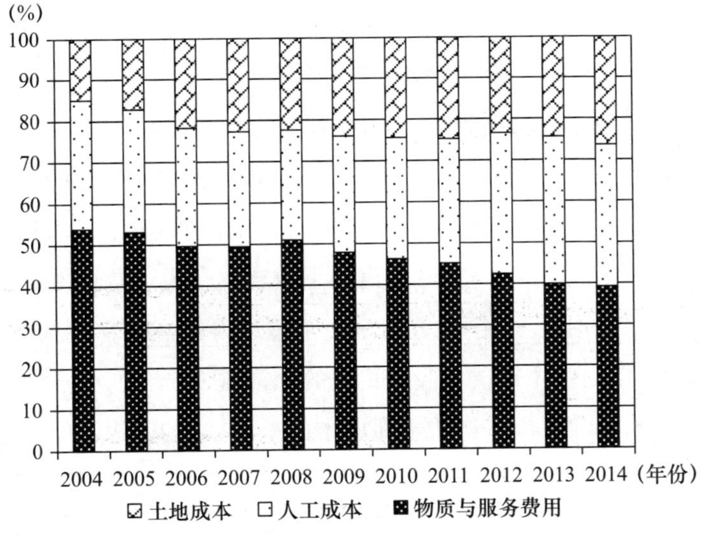

图4－2　2004～2014年我国粳稻亩均生产成本结构变化趋势

资料来源：根据《全国农产品成本收益资料汇编》（2005～2015）数据计算所得。

由于我国幅员辽阔，各个地区农业经营环境、经济发展水平等存在差异，这可能导致成本结构变化呈现不同的趋势。2014年湖南、黑龙江、江西、江苏、湖北、四川、安徽、广西、广东和云南这十大水稻主产省（区），其产量占全国总产量的79.4%。本部分将选择东北地区的黑龙江省、华中地区的湖北省、华东地区的江苏省、西南地区的云南省作为对象进行成本结构差异化分析。

表4－1汇总了2004～2014年我国水稻四个主产区生产成本及其结构的变化趋势。从亩均生产总成本来看，西南地区的云南省水稻亩均生产总成本最高，2004年水稻亩均生产总成本达到727.5元，而华中地区的湖北省水稻亩均生产总成本最低，为350.5元，是云南省的一半。2004年，华东地区的江苏省和东北地区的黑龙江省的水稻亩均生产总成本分别为525.4元和448.9元。从2004～2014年增长幅度来看，湖北省水稻亩均生产总成本年均增长率最高，达到11.5%，但亩均生产总成本绝对值在2014年仍然是四个地区最低的。黑龙江省水稻亩均生产总成本的年均增长率为11.4%，略低于湖北省。江苏省水稻亩均生产总成本的年均增长率为8.9%，是四个地区最低的，云南省为9.9%，略高于江苏省。从2014年水稻亩均生产总成本的绝对值来看，云南省仍然是最高的，达到1863.1元，而黑龙江省超过江苏省，为1320.3元，江苏省为1236.8元，湖北省仍然是最低的，为1038.3元。

从亩均生产总成本的结构来看，2004～2014年，土地成本增长幅度最快，四个地区平均年均增长率达到13.2%，高于人工成本和物质与服务费用。其中，黑龙江省亩均土地年均增长率最高，为17.6%，江苏省次之，为14.6%，湖北省为9.9%，云南省最低，为7.3%。从亩均土地成本在生产总成本中的比重来看，黑龙江省亩均土地成本比重最高，在2006年超过人工成本，成为第二大成本构成部分，到2014年仅仅比物质与服务费用的比重低3.5个百分点，如图4－3所示。湖北省、江苏省和云南省亩均土地成本比重维持在10%～20%。随着工业化和城镇化发展，大量农村劳动力开始从事非农产业工作，愿意从事农业经营的人越来越少，国家从粮食安全、农业经营绩效的角度考虑，鼓励外出务工的人员将土地流转给愿意经营农业的农户，在此背景下，农村土地市场逐渐形成，土地成本不断显现并逐年攀升。

2004～2014年，亩均人工成本年均增长率为13.0%，略低于亩均土地成本。从四个主产区的平均水平来看，2012年以后，人工成本超过物质与服务费用，成为水稻生产成本的最大构成部分。具体来看，云南省水稻生产的亩均人工成本

表4-1　2004~2014年我国水稻主产省份成本结构

单位：元/亩，%

年份		2004	2005	2006	2007	2008	2009	2010	2011	2012	2013	2014	年均增长率
物质与服务费用	全国	270. 5	304. 3	310. 8	332. 5	403. 2	384. 6	414. 6	467. 9	519. 3	530. 2	522. 7	6. 8
	黑龙江省	230. 4	281. 9	248. 8	411. 8	362. 3	341. 6	383. 2	433. 9	506. 4	518. 9	514. 5	8. 4
	湖北省	167. 3	171. 2	206. 7	209. 9	217. 9	227. 0	273. 1	283. 7	335. 8	258. 2	346. 1	7. 5
	江苏省	343. 0	379. 3	391. 5	421. 0	482. 2	452. 7	476. 4	532. 2	576. 6	586. 1	576. 5	5. 3
	云南省	264. 2	262. 0	260. 6	278. 2	335. 0	343. 1	362. 0	422. 2	449. 7	491. 0	456. 3	5. 6
	四省平均	251. 2	273. 6	276. 9	330. 2	349. 3	341. 1	373. 6	418. 0	467. 1	463. 6	473. 3	6. 5
人工成本	全国	156. 1	170. 0	179. 2	187. 0	210. 8	226. 6	263. 5	313. 3	417. 7	475. 7	460. 1	11. 4
	黑龙江省	126. 0	140. 4	138. 2	260. 3	177. 0	197. 1	202. 3	241. 9	317. 6	346. 7	338. 2	10. 4
	湖北省	136. 7	138. 9	172. 7	186. 1	205. 2	230. 4	280. 2	335. 7	457. 8	541. 7	572. 9	15. 4
	江苏省	129. 5	141. 8	150. 4	150. 0	177. 3	188. 5	220. 1	270. 0	396. 9	449. 0	453. 4	13. 3
	云南省	371. 6	408. 0	429. 4	444. 7	504. 6	535. 8	659. 8	807. 0	1094. 5	1310. 1	1220. 8	12. 6
	四省平均	190. 9	207. 3	222. 7	260. 3	266. 0	287. 9	340. 6	413. 7	566. 7	661. 9	646. 3	13. 0
土地成本	全国	75. 2	98. 7	135. 9	152. 3	176. 6	191. 7	218. 7	256. 5	286. 1	323. 4	351. 5	16. 7
	黑龙江省	92. 6	113. 0	196. 6	208. 1	258. 1	281. 1	306. 0	363. 2	390. 1	446. 7	467. 6	17. 6
	湖北省	46. 5	49. 0	49. 5	50. 3	100. 0	96. 7	100. 0	115. 7	116. 6	119. 1	119. 2	9. 9
	江苏省	52. 8	74. 9	84. 3	88. 2	103. 3	112. 4	126. 9	138. 3	159. 3	171. 8	207. 0	14. 6
	云南省	91. 8	102. 6	121. 7	140. 2	158. 1	159. 8	171. 8	168. 6	172. 2	177. 9	186. 1	7. 3
	四省平均	70. 9	84. 9	113. 0	121. 7	154. 9	162. 5	176. 2	196. 4	209. 5	228. 9	245. 0	13. 2
总成本	全国	501. 8	572. 9	625. 8	671. 8	790. 5	802. 9	896. 7	1037. 7	1223. 1	1329. 2	1334. 3	10. 3
	黑龙江省	448. 9	535. 3	583. 6	880. 2	797. 4	819. 8	891. 4	1039. 0	1214. 1	1312. 3	1320. 3	11. 4
	湖北省	350. 5	359. 1	428. 8	446. 2	523. 1	554. 1	653. 2	735. 1	910. 3	919. 0	1038. 3	11. 5
	江苏省	525. 4	596. 0	626. 3	659. 2	762. 8	753. 5	823. 3	940. 6	1132. 7	1207. 0	1236. 8	8. 9
	云南省	727. 5	772. 6	811. 8	863. 1	997. 7	1038. 7	1193. 5	1397. 7	1716. 4	1979. 0	1863. 1	9. 9
	四省平均	513. 0	565. 8	612. 6	712. 2	770. 2	791. 5	890. 4	1028. 1	1243. 4	1354. 3	1364. 6	10. 3

数据来源：《全国农产品成本收益资料汇编》（2005~2015）。

一直占亩均生产总成本的一半以上，并且该比重逐年增大；湖北省水稻生产的亩均人工成本比重在 2009 年超过亩均物质与服务费用，成为最大的成本构成部分。江苏省和黑龙江省水稻生产的亩均人工成本并未超过物质与服务费用。从分地区水稻生产的人工成本的年均增长率来看，湖北省增长最快，达到 15.4%，江苏省和云南省次之，年均增长率分别为 13.3% 和 12.6%，黑龙江省水稻生产的人工成本年均增长率最低，为 10.4%（如图 4－3～图 4－6 所示）。人工成本迅速上升与工业化、城镇化发展息息相关，随着城市地区能够为农村剩余劳动力提供更多的非农就业岗位，农村劳动力供应减少，从事农业经营的机会成本不断攀升。

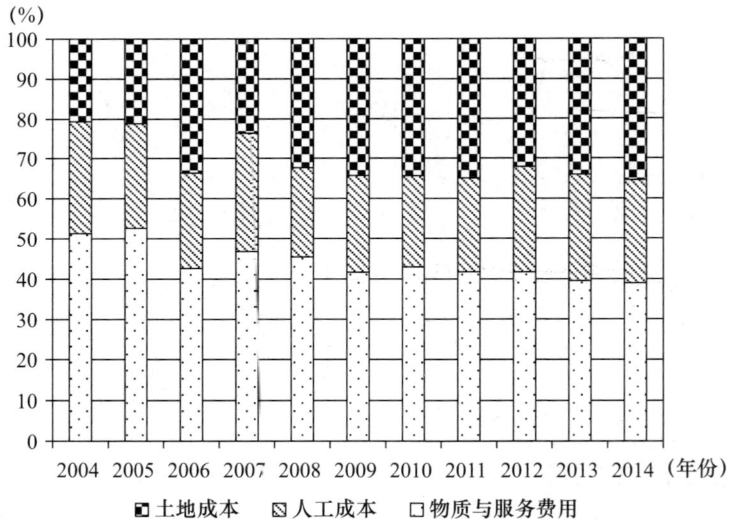

图 4－3　2004～2014 年黑龙江省水稻亩均成本结构变化趋势

资料来源：根据《全国农产品成本收益资料汇编》2005～2015 年数据计算所得。

水稻生产的亩均物质与服务费用是成本结构中占比最高但增长最慢的，从四个地区的平均水平来看，年均增长率仅为 6.5%，差不多是人工成本和土地成本年均增长率的一半。2012 年之前亩均物质与服务费用的比重一直高于亩均人工成本和土地成本，2012 年亩均人工成本超过物质与服务费用。

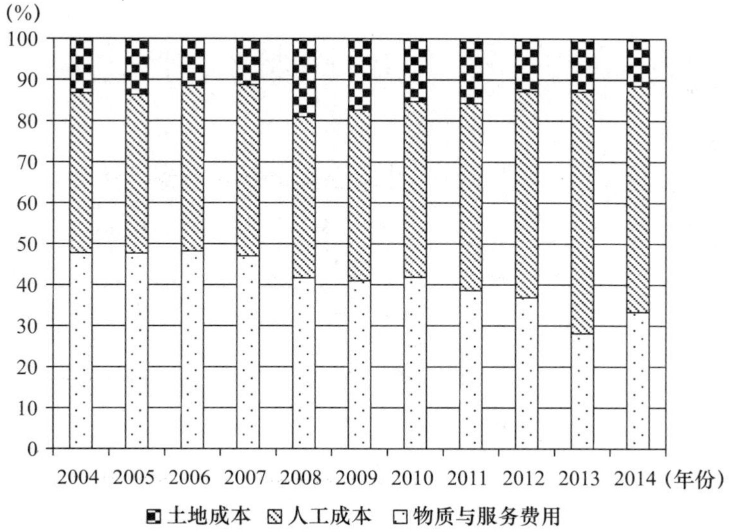

图4-4　2004~2014年湖北省水稻亩均成本结构变化趋势

资料来源：根据《全国农产品成本收益资料汇编》(2005~2015) 数据计算所得。

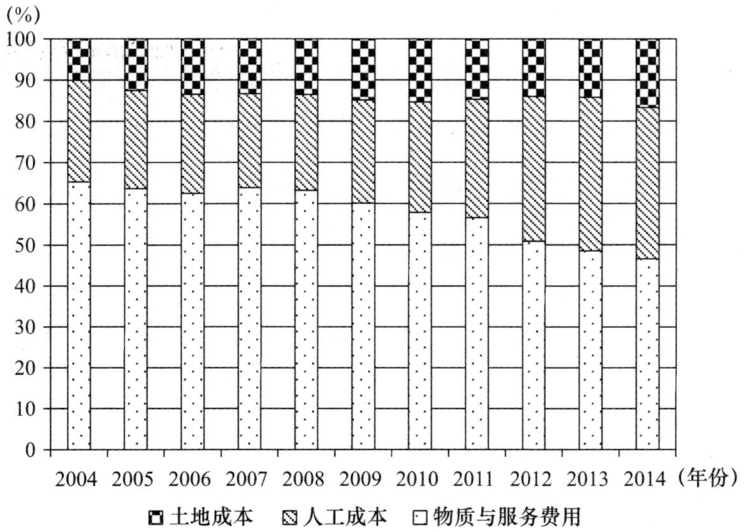

图4-5　2004~2014年江苏省水稻亩均成本结构变化趋势

资料来源：根据《全国农产品成本收益资料汇编》(2005~2015) 数据计算所得。

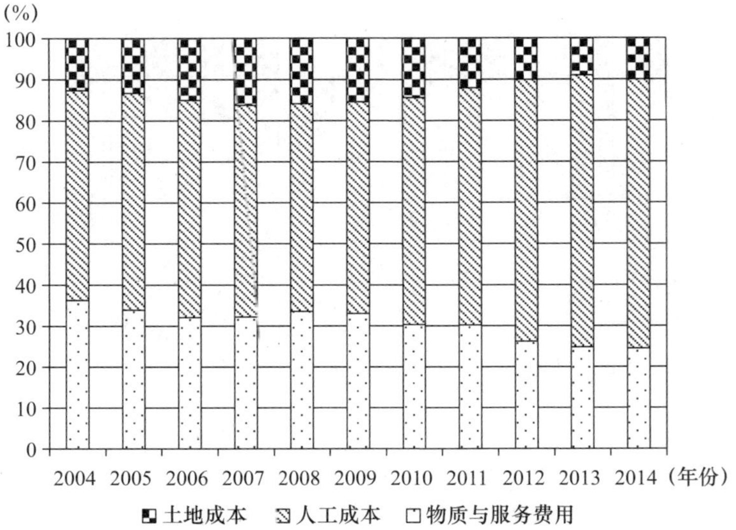

图 4－6　2004～2014 年云南省水稻亩均成本结构变化趋势

资料来源：根据《全国农产品成本收益资料汇编》（2005～2015）数据计算所得。

4.2.2　我国小麦亩均生产成本及结构演化趋势

与水稻生产成本变化趋势类似，我国小麦生产成本也呈现显著上升趋势。如图 4－7 所示，从亩均生产总成本来看，全国亩均成本由 2004 年的 355.9 元/亩[①]，上升到 2014 年的 965.1 元/亩，年均增长率为 10.5%。与水稻相比，小麦亩均绝对成本要低于水稻，但是年均增长率比水稻略高一些。如图 4－8 所示，物质与服务费用是小麦生产成本结构中占比最大的部分，从绝对值来看，亩均物质与服务费用由 2004 年的 200.3 元增长到 2014 年的 419.0 元，年均增长率为 7.7%，低于亩均总成本的年均增长率，这也意味着构成亩均总成本的另外两个部分，即人工成本和土地成本增长更快。图 4－8 的成本结构统计图表明物质与服务费用在生产总成本中的比重由 2004 年的 56% 先上升到 2008 年的 59%，然后快速下降到 2014 年的 43%。与物质与服务费用相比，人工成本和土地成本增

① 因为各项成本的属性不同，这里的亩均成本及各项成本结构均未扣除相关价格指数，只是简单的比较。

长更快。从年均增长率来看，土地成本由2004年的43.8元增长到2014年的181.3元[1]，年均增长率为15.3%。从成本结构占比来看，土地成本在亩均总成本中的占比由2004年的12%增长到2014年的19%。在工业化、城镇化背景下，随着各地区土地市场的形成，土地成本不断显现出来，成为经营户的显性成本。此外，与土地成本相比，人工成本上升幅度略低一些，亩均人工成本由2004年的111.8元增长到2014年的364.8元，年均增长率为13%。亩均人工成本在生产总成本中的比重呈现上升趋势，由2004年的31%增长到2014年的38%。

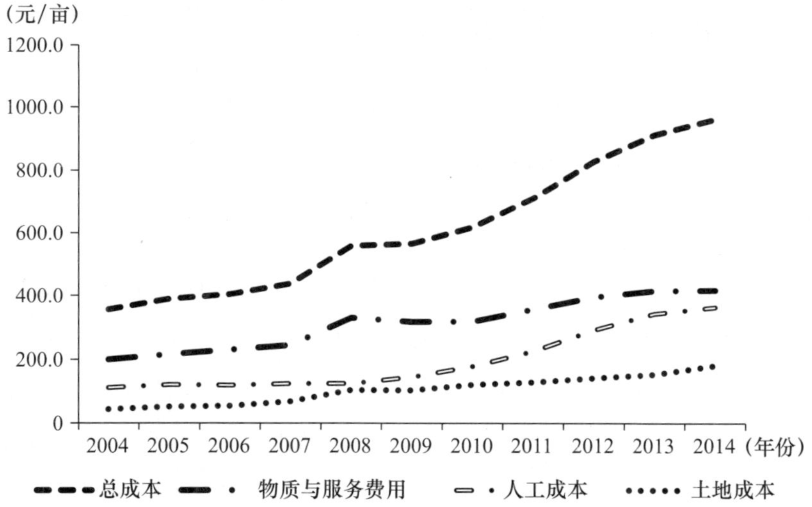

图4-7　2004~2014年中国小麦亩均成本结构变化趋势

资料来源：根据《全国农产品成本收益资料汇编》2005~2015年数据计算所得。

我国小麦生产主要集中在中部平原地区，河南省是我国小麦第一大主产区，2014年和2015年的产量分别是3329万吨和3501万吨，山东省是我国小麦第二大主产区，2014年和2015年的产量分别是2363.8万吨和2346.6万吨，2015年

① 2014年全国小麦的亩均成本为181.3元，这个成本可能低于我们经常听到的动辄上千元的土地租金，这里面有两点需要作出说明：一是我们通常所说的土地租金指的是一年的租金，对于稻麦两季甚至是一年三季的地区，平摊到每季上，租金会大大降低；二是不同地区的土地租金不一样，这个只是各地区的平均值。

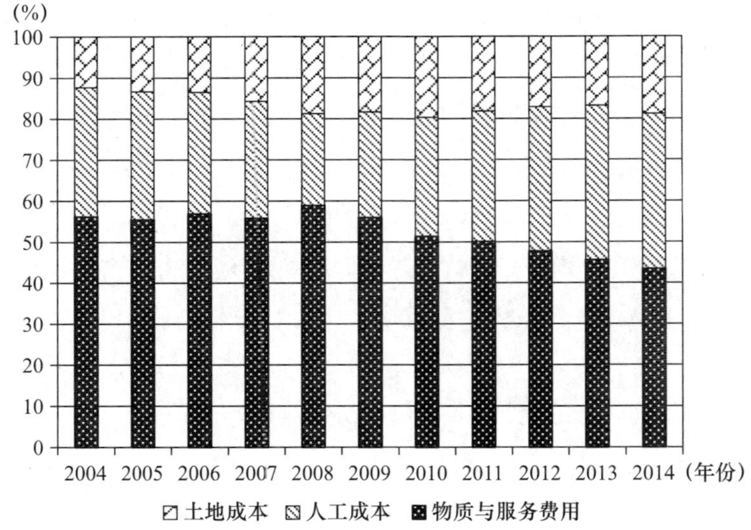

图 4－8　2004～2014 年我国小麦亩均生产成本结构变化趋势

资料来源：根据《全国农产品成本收益资料汇编》2005～2015 年数据计算所得。

产量较 2014 年略有下降。河北省是我国小麦第三大主产区，2014 年和 2015 年的产量分别是 1429.9 万吨和 1435 万吨。安徽省是我国小麦第四大主产区，2014 年和 2015 年的产量分别是 1393.6 万吨和 1411 万吨。江苏省是我国小麦第五大主产区，2014 年和 2015 年的产量分别是 1160.4 万吨和 1174 万吨。如表 4－2 所示，五个主产区小麦产量占我国小麦总产量的比重超过 75%。下面我们将对五个主产区的小麦生产成本及其结构变化进行分析。

表 4－2　我国小麦五个主产省 2014 年和 2015 年产量　　单位：万吨

	2015 年	2014 年
河南省	3501	3329
山东省	2346.6	2363.8
河北省	1435	1429.9
安徽省	1411	1393.6
江苏省	1174	1160.4
全国	13018.5	12620.8
五省比重（%）	75.8	76.7

资料来源：《中国统计年鉴》（2015，2016）。

表4－3汇总了我国小麦前五大主产区亩均生产总成本、物质与服务费用、人工成本和土地成本。从小麦亩均生产总成本的角度来看，河南省年均增长率最高，由2004年的296.0元增长到2014年的1012.7元，年均增长13.1%；江苏省小麦亩均生产总成本年均增长率次之，由319.6元增长到881.8元，年均增长10.7%。小麦前五大主产区中仅河南省和江苏省亩均生产总成本年均增长率高于全国平均水平。河北省、安徽省和山东省小麦亩均生产总成本年均增长率均低于全国平均水平。其中，安徽省小麦亩均生产总成本由2004年的310.5元增长到2014年的803.9元，年均增长率为10%；山东省小麦亩均生产总成本由2004年的393.1元增长到2014年的990.1元，年均增长9.7%；河北省小麦亩均增长率在前五大主产区中最低，由2004年的410.5元增长到2014年的1023.7元，年均增长率为9.6%。亩均生产总成本年均增长率高低并不等同于其绝对值水平的高低。从绝对值水平来看，河北省小麦亩均生产成本一直高于其他四个主产省区，2004～2014年比全国平均水平高11%左右，但是，其亩均成本年均增长率最慢，所以其他主产省区的差异在不断缩小。小麦亩均生产总成本年均增长率最高的河南省，其亩均生产总成本的绝对值在2013年之前一直低于全国平均水平，从2013年开始超过全国平均水平。安徽省小麦亩均生产总成本绝对值在五大主产区中一直处于最低水平。

从各个地区生产成本结构来看，物质与服务费用仍然是亩均生产成本结构中最重要的，五个主产区物质与服务费用的占比均保持在50%以上，其中，河北省和江苏省物质与服务费用占比最高，为57%，河南省占比最低，为51%，低于全国平均水平。从物质与服务费用的绝对值来看，2004～2014年河南省物质与服务费用增长最快，由2004年的167.0元增长到2014年的417.1元，年均增长9.6%，高于全国平均水平。河北省物质与服务费用增长最慢，由2004年的256.0元增长到2014年的472.9元，年均增长率仅为6.3%。但是，从2004～2014年平均值来看，河北省小麦生产的物质与服务费用高于其他四个地区，2014年为472.9元每亩，高于全国平均水平419.0元。但是，山东省小麦生产的物质与服务费用年均增长率高于河北省，在2014年山东省小麦亩均物质与服务费用超过河北省。安徽省小麦生产的物质与服务费用最低，由2004年的192.2元增长到2014年的389.8元，年均增长率为7.3%。

表 4-3 2004~2014 年我国小麦主产省份成本结构

单位：元/亩，%

年份		2004	2005	2006	2007	2008	2009	2010	2011	2012	2013	2014	年均增长率
物质与服务费用	全国	200.3	216.4	230.6	245.0	329.8	317.5	318.4	357.3	396.7	417.1	419.0	7.7
	河北省	256.0	273.6	298.3	316.1	329.8	368.4	377.5	432.0	481.2	484.1	472.9	6.3
	江苏省	205.3	225.3	242.3	251.6	281.0	312.7	321.3	364.6	390.5	407.7	421.6	7.5
	安徽省	192.2	197.4	215.2	226.2	260.8	315.3	298.2	339.0	362.4	383.0	389.8	7.3
	山东省	241.7	258.4	277.3	290.3	325.1	364.5	358.9	411.5	448.4	462.2	473.7	7.0
	河南省	167.0	205.7	216.3	222.9	257.3	311.4	302.7	329.5	383.1	422.4	417.1	9.6
	五省平均	212.4	232.1	249.9	261.4	290.8	334.5	331.7	375.3	413.1	431.9	435.0	7.4
人工成本	全国	111.8	121.3	119.6	124.7	125.1	145.6	178.8	225.7	291.4	343.8	364.8	12.5
	河北省	100.3	100.2	110.0	113.5	125.1	134.9	178.1	226.8	302.3	359.6	379.5	14.2
	江苏省	70.5	73.9	81.6	86.8	100.9	106.6	129.6	162.3	226.7	243.9	267.6	14.3
	安徽省	84.6	83.7	86.7	102.5	96.7	118.4	126.0	165.7	181.7	207.0	234.3	10.7
	山东省	113.4	119.9	123.6	137.4	145.1	156.1	183.0	221.8	281.4	359.1	362.0	12.3
	河南省	88.6	105.0	93.6	94.0	111.5	124.4	157.9	213.2	274.2	324.1	342.4	14.5
	五省平均	91.5	96.5	99.1	106.8	115.9	128.1	154.9	198.0	253.3	298.7	317.2	13.2

续表

年份		2004	2005	2006	2007	2008	2009	2010	2011	2012	2013	2014	年均增长率
土地成本	全国	43.8	51.9	54.6	68.9	104.7	103.9	121.5	129.3	142.4	153.9	181.3	15.3
	河北省	54.2	64.0	81.2	93.2	104.7	108.2	115.4	135.3	151.8	161.1	171.3	12.2
	江苏省	43.8	68.0	76.3	85.3	92.8	104.4	118.6	128.9	150.8	161.0	192.6	16.0
	安徽省	33.7	40.4	34.4	41.3	74.9	91.5	100.2	126.1	138.8	165.0	179.8	18.2
	山东省	38.0	34.5	36.5	53.3	92.1	98.3	105.5	125.3	139.9	148.2	154.4	15.0
	河南省	40.4	61.5	59.7	87.5	95.1	131.9	167.2	143.0	157.3	169.7	253.2	20.1
	五省平均	42.0	53.7	57.6	72.1	91.9	106.9	121.4	131.7	147.7	161.0	190.2	16.3
总成本	全国	355.9	389.6	404.8	438.6	559.6	567.0	618.6	712.3	830.4	914.7	965.1	10.5
	河北省	410.5	437.8	489.5	522.8	559.6	611.5	671.0	794.1	935.4	1004.8	1023.7	9.6
	江苏省	319.6	367.2	400.2	423.6	474.7	523.8	569.5	655.7	768.0	812.6	881.8	10.7
	安徽省	310.5	321.5	336.4	370.0	432.4	525.2	524.3	630.8	683.0	755.0	803.9	10.0
	山东省	393.1	412.7	437.4	481.0	562.3	618.9	647.4	758.7	869.7	969.4	990.1	9.7
	河南省	296.0	372.1	369.6	404.4	463.9	567.7	627.8	685.7	814.5	916.2	1012.7	13.1
	五省平均	345.9	382.3	406.6	440.3	498.6	569.4	608.0	705.0	814.1	891.6	942.4	10.5

资料来源：《全国农产品成本收益资料汇编》（2004～2014）。

2004～2014年，小麦生产成本结构中土地成本增长幅度最快，与全国总体水平保持一致。五个主产省区平均年均增长率达到16.3%，高于人工成本和物质服务费用。其中，河南省小麦生产的亩均土地成本年均增长率最高，为20.1%，安徽省次之，为18.2%，江苏省年均增长率为16.0%，山东省年均增长率为15.0%，河北省小麦生产的亩均土地成本年均增长率最低为12.2%。从亩均土地成本占生产总成本中的比重来看，河南省亩均土地成本比重最高，在2009年超过人工成本，但是随后又低于人工成本比重，到2014年河南省土地成本为25%，相对于物质与服务费用和人工成本，分别低16个百分点和9个百分点。河北省、江苏省、安徽省、河南省以及山东省亩均土地成本比重一直维持在10%～20%，有些年份稍微高于20%，如图4－9～图4－13所示。家庭联产承包责任制改革以来，我国土地实行包产到户的政策，土地在一代一代的继承过程中变得非常的细碎化并且非常分散。近年来，随着工业化和城镇化发展，大量农村劳动力开始从事非农产业工作，愿意从事农业经营的人越来越少，甚至很多年轻人进入城市从事非农就业之后，已经不具备经营农业的技能。在此背景下，我国鼓励土地流转等多种形式的适度规模化经营，因此，土地市场的形成导致原先作为自有生产资料的土地成本不断显现出来，并且经历了快速的发展阶段。

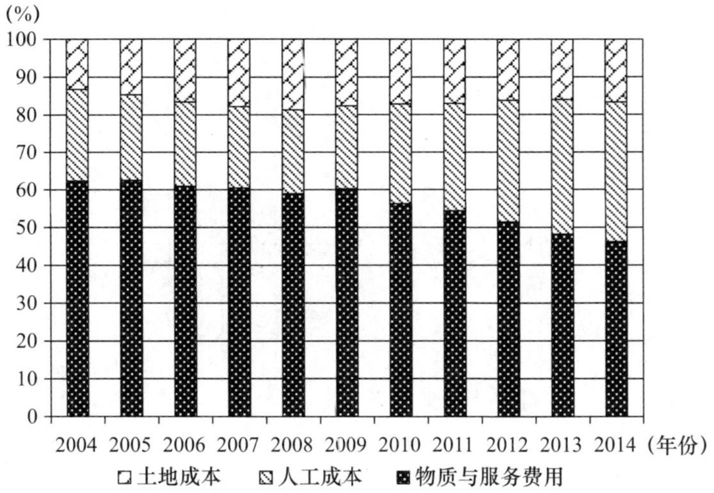

图4－9　2004～2014年河北省小麦亩均生产成本结构变化趋势

资料来源：根据《全国农产品成本收益资料汇编》（2005～2015）数据计算所得。

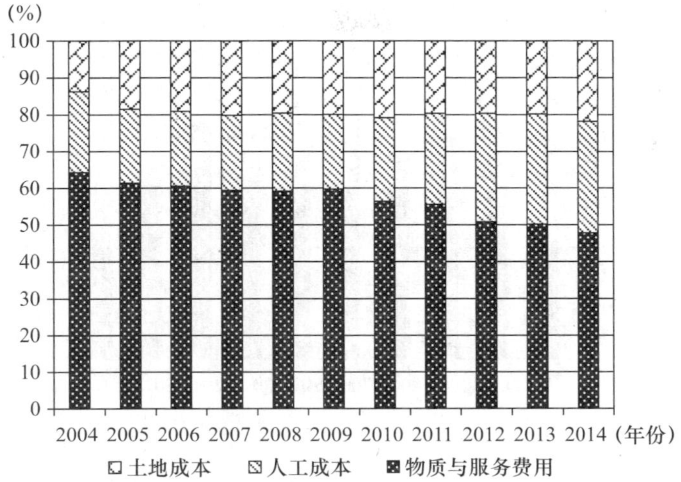

图 4－10　2004～2014 年江苏省小麦亩均生产成本结构变化趋势

资料来源：根据《全国农产品成本收益资料汇编》（2005～2015）数据计算所得。

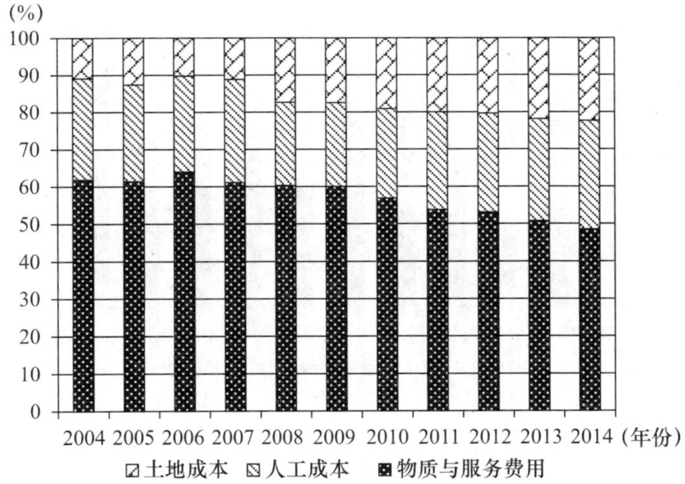

图 4－11　2004～2014 年安徽省小麦亩均生产成本结构变化趋势

资料来源：根据《全国农产品成本收益资料汇编》（2005～2015）数据计算所得。

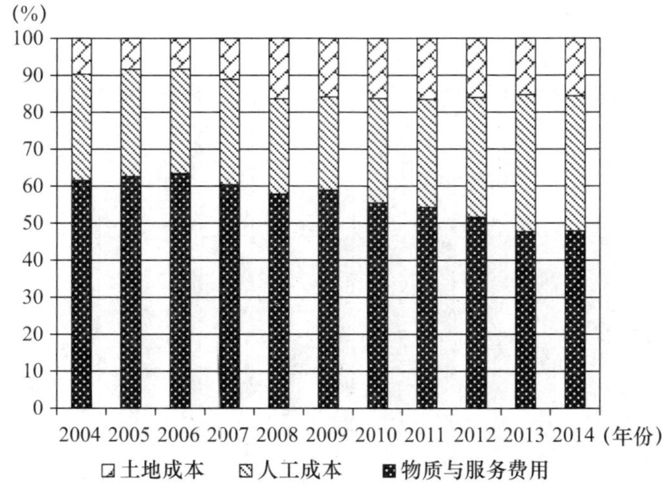

图4－12　2004～2014年山东省小麦亩均生产成本结构变化趋势

资料来源：根据《全国农产品成本收益资料汇编》（2005～2015）数据计算所得。

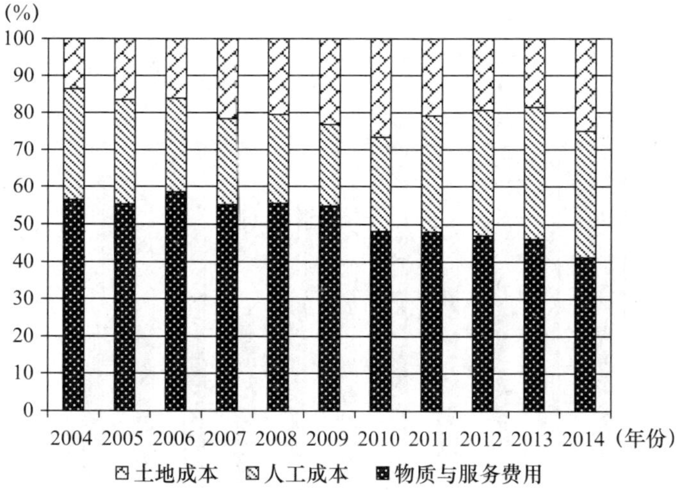

图4－13　2004～2014年河南省小麦亩均生产成本结构变化趋势

资料来源：根据《全国农产品成本收益资料汇编》（2005～2015）数据计算所得。

2004～2014年，五省亩均人工成本年均增长率为13.2%，低于亩均土地成本3.1个百分点。从五个主产区的平均水平来看，人工成本在小麦生产总成本中的比重基本维持在20% ~40%，其中，山东省人工成本在生产总成本中所占的比重最高，2004 ~2014 年的平均水平为30%，河南省、河北省和安徽省次之，江苏省最低，平均占比为24%。人工成本和土地成本在生产总成本中所占的比重均呈现上升的趋势，但是五个小麦主产区两者之和一直低于物质与服务费用。该情况与水稻生产成本结构存在差异。我国水稻人工成本已经超过物质与服务费用，成为水稻生产成本的最大构成部分。从绝对值来看，人工成本增长最快的为河南省和河北省，其中，河南省小麦生产的亩均人工成本由2004 年的88.6 元增长到2014 年的342.4 元，年均仅增长14.5%。河北省和江苏省人工成本增长幅度与河南省非常接近，分别为14.2%和14.3%。安徽省人工成本绝对值增长速度最慢，由2004 年的84.6 元增长到2014 年的234.3 元，年均仅增长了10.7%（见表4 -3）。人工成本迅速上升与工业化、城镇化发展也息息相关，随着城市地区能够为农村剩余劳动力提供更多的非农就业岗位，农村劳动力供应减少，从事农业经营的机会成本不断攀升。

4.3　江苏省粮食生产概况

4.3.1　江苏省农业生产的基本情况

江苏省地处我国东部沿海地区，经济发展水平处于全国前列，2014 年人均地区生产总值超过8 万元。1980 年，江苏耕地面积为6962 万亩，农业从业人员数为1987 万人，劳均耕地面积为0.23 公顷，与全国水平相当。随着工业化、城镇化发展，江苏农业从业人员数由1980 年的1987 万人下降到2013 年的957 万人，下降了约50%。与此同时，江苏耕地面积略有减少，因此，江苏劳均耕地面积呈现上升趋势，2009 年达到劳均0.35 公顷①，与韩国劳均规模相当，低于日本。从主要农作物播种面积来看，1978 ~2015 年，农作物总播种面积呈现下

① 2009 年以后，江苏省耕地面积数据缺失。

降趋势，由 858.274 万公顷下降到 774.504 万公顷。其中，粮食作物占种植业播种面积的 70% 左右，在 2000 ~ 2006 年下降到 60% 左右后又回升到 70% 的水平。

江苏省是我国典型的稻麦轮作区，适宜的气候能够保证一年耕种两季。水稻和小麦是江苏农户的主要种植品种。从各地区水稻和小麦产量来看，2014 年江苏省水稻产量为 1912.0 万吨，占全国总产量 20650.7 万吨的 9.3%，是全国第四大水稻生产区，2014 年江苏省小麦产量为 1160.4 万吨，占全国总产量 12620.8 万吨的 9.2%，是全国第五大小麦生产区。从播种面积来看，水稻是江苏地区粮食作物的主要构成部分，1978 ~ 2015 年，水稻播种面积基本维持在 200 万公顷以上，播种面积大约是小麦的 2 倍，但小麦播种面积波动很大，有些年份播种面积非常接近水稻。此外，水稻播种面积是薯类、大豆和玉米播种面积总和的两倍。改革开放以来，水稻播种面积呈现先下降后上升的趋势，近几年基本上稳定在 230 万公顷左右，如表 4-4 所示。

江苏地势平坦，河湖众多，平原占全省面积的 70% 以上，十分有利于农业适度规模经营。相关数据显示，江苏家庭农场、专业大户等新型经营主体适度规模经营占比达 45%，农业综合机械化水平达 80%，农业科技进步贡献率达 64.2%。然而，短期内，由于各地区经济发展水平、社会保障制度等约束，江苏农业经营主体仍然无法全部实现适度规模经营，小规模与适度规模户将在较长一段时期内并存。正因为江苏地区农业经营的这种特征，为我们分析经营规模与粮食生产成本提供了很好的分析对象。本书实证部分所采用的微观农户数据正是在江苏省 13 个地级市 30 多个县收集而来。

表 4-4　1978 ~ 2015 年江苏省主要农产品种植面积　　单位：千公顷

年份	总播种面积	粮食作物	#小麦	#水稻	#薯类	#玉米	#大豆	经济作物	其他作物
1978	8582.74	6310.93	1412.82	2661.18	478.29	445.01	345.36	905.84	1365.97
1980	8248.93	6090.25	1519.47	2676.15	332.02	386.21	236.47	957.04	1201.64
1985	8557.84	6432.44	2170.39	2431.11	282.45	659.62	317.93	1302.77	822.63
1989	8384.33	6454.51	2353.54	2419.67	248.16	501.15	309.39	1194.62	735.2
1990	8259.18	6363.02	2399.19	2454.44	221.65	461.01	244.67	1188.41	707.75

续表

年份	总播种面积	粮食作物	#小麦	#水稻	#薯类	#玉米	#大豆	经济作物	其他作物
1991	8091. 7	6202. 77	2364. 93	2351. 4	214. 51	426. 44	177. 81	1202. 48	686. 45
1992	8234. 63	6180. 77	2366. 23	2447. 27	192. 59	421. 14	192. 28	1350. 29	703. 57
1993	8032. 29	6029. 66	2281. 66	2278. 44	201	472. 37	270. 67	1143. 39	859. 24
1994	7861. 76	5748. 78	2114. 26	2168. 36	179. 46	458. 95	255. 41	1225. 86	887. 12
1995	7909. 01	5755. 15	2150. 35	2250. 31	166. 71	461. 98	201. 32	1268. 75	885. 11
1996	7914. 1	5877. 42	2216. 26	2335. 91	180. 59	467. 83	179. 49	1132. 24	904. 44
1997	7966. 78	5994. 43	2341. 37	2377. 62	169. 61	439	217. 44	1063. 1	909. 25
1998	8058. 28	5946. 26	2314. 95	2369. 7	162. 67	473. 49	220. 83	1063. 32	1048. 7
1999	8023. 43	5828. 52	2251. 7	2398. 45	156. 89	454. 31	210. 41	1006. 41	1188. 5
2000	7944. 87	5304. 31	1954. 6	2203. 46	158. 26	423. 16	249. 19	1227. 97	1412. 59
2001	7777. 42	4886. 66	1712. 81	2010. 25	146. 01	429. 81	244. 37	1347. 53	1543. 23
2002	7797. 4	4882. 58	1715. 85	1982. 05	143. 75	436. 53	243. 44	1255. 19	1659. 63
2003	7681. 49	4659. 47	1620. 45	1840. 93	134. 2	451. 9	241. 68	1315. 37	1706. 65
2004	7668. 98	4774. 59	1601. 17	2112. 9	114. 17	389. 11	216. 42	1356. 65	1537. 74
2005	7641. 2	4909. 48	1684. 44	2209. 33	100. 16	370. 24	214. 8	1237. 36	1494. 36
2006	7385. 16	5110. 8	1912. 67	2216	76. 27	378. 17	213	1007. 48	1266. 88
2007	7407. 73	5215. 59	2039. 12	2228. 07	67. 73	391. 21	222. 73	876. 25	1315. 89
2008	7510. 27	5267. 1	2073. 12	2232. 55	66. 17	398. 51	232. 77	883. 86	1359. 31
2009	7558. 15	5272. 04	2077. 61	2233. 24	66. 55	399. 84	232. 98	862. 07	1424. 04
2010	7619. 58	5282. 36	2093. 07	2234. 16	61. 26	403. 7	226. 9	824. 77	1512. 45
2011	7663. 25	5319. 2	2112. 41	2248. 63	59. 43	414. 34	219. 71	806. 93	1537. 12
2012	7651. 57	5336. 57	2132. 56	2254. 22	60. 15	418. 9	210. 46	712. 58	1602. 42
2013	7683. 64	5360. 78	2146. 93	2265. 67	58. 47	426. 38	209. 36	690. 79	1632. 07
2014	7678. 63	5376. 07	2159. 94	2271. 69	55. 11	436. 1	203. 37	649. 94	1652. 62
2015	7745. 04	5424. 64	2178. 83	2291. 59	53. 02	451. 68	201. 54	588. 43	1731. 97

资料来源：《江苏省统计年鉴》（2016）。

4. 3. 2　江苏省新型经营主体规模化经营的现状

2013 年底的中央农村工作会议提出“要把加快培育新型农业经营主体作为

一项重大战略，为农业现代化建设和农业持续健康发展提供坚实有力的基础和保障”，这一要求在2014年中央“一号文件”中得到总体部署。2014年11月，国务院办公厅印发的《意见》，对土地流转和农业适度规模经营进行了进一步规范。在江苏农业现代化建设步伐不断加快的背景下，新型农业经营主体发展迅猛。总体而言，截止到2013年，江苏已实现承包地流转2600多万亩，占承包地的50%以上；经营大户和家庭农场数量达24.2万个，认定登记3万个；农民专业合作社6.9万家，成员总数975万户，入社农户比例达67.5%；县级以上龙头企业5645家（国家级61家，省级546家）；认定登记的社会化服务组织1.1万个。

（1）农业专业大户发展状况。农业专业大户是农民在家庭承包经营基础上，在发展农业商品生产的实践中，通过土地使用权流转和生产要素的集聚而出现的一种经营方式，这种经营形式促进了农业规模经营，提高了农业效益，这些农业专业大户具有四个显著特征：一是敢于冒富出尖，创业精神强。二是围绕市场选项目，竞争能力强。三是专业化生产，自我服务功能强。四是集约化经营，规模效益高。2012年，江苏全省共有农业专业大户40.42万户，从业人员71.32万人。据江苏调查的数据分析，农业专业大户的耕地种植面积平均214亩，生猪495头，家禽5275只，纯收入61万元，生产规模和经济效益普遍大幅高于一般农户，同时带动或服务周围一般农户185人，支付给农民的报酬26万元。

（2）农业产业化龙头企业发展状况。20世纪八九十年代，江苏农业龙头企业就在全国较早推行“贸工农一体化”、“产加销一条龙”，在近年国内外经济环境中，农业龙头企业逆势增长，运行质量全面提升，在促进了现代农业进程和农民增收的同时，显示出蓬勃发展的旺盛生命力。

一是企业规模不断壮大。截至2012年底，全省县级以上农业龙头企业4977家，其中国家级61家、省级382家。国家级农业龙头企业总数位居全国第二。二是运行质量稳步提升。443家省级以上农业龙头企业销售总额达4955.23亿元，同比增长25.86%，利润总额达152.57亿元，同比增长10.17%，创汇28.53亿美元，同比增长9.15%。443家省级以上龙头企业中，销售收入超百亿元的企业11个，超50亿元的企业15个，超10亿元的企业89个，超5亿元的企业152个。三是科技投入持续加大。85%以上的省级农业龙头企业都建立了自己的科研机构，63家被部省认定为高新技术企业，65家获得部省级科技进步奖，49家设立院士、博士后工作站，113家引进博士或“双创”人才。四是质量品牌更加注重。在农业产业化龙头企业中，建有省级以上研发中心的企业246个，通过质检机构计量认证的企业1767个，通过ISO9000、HACCP、GAP、GMP等质量体系认证的龙头企业2164个，获得省级以上名牌产品或著名（驰名）商标的龙头企业671个，获得“三品一标”认证的企业1898个。五是联农带农机制不断创新。443家省级以上农业龙头企业带动农户95309万户，同比增长1022%。95%的省级以上农业龙头企业拥有固定生产基地，近2/3的企业有自建基地。2012年，各级农业产业化龙头企业带动农户1327.37万户，较上年增长8%。

（3）农民合作经济组织发展状况。近年来，江苏创新农业生产经营体制机制的一个引人瞩目的现象就是合作组织成为现代农业建设重要主体。江苏农民专业合作社最早起源于20世纪80年代，先后经历了自发组建（1980～1990年）、改革探索（1991～2006年）和规范提高（2007年至今）三个阶段。农民合作经济组织分五种类型：

一是农业专业合作社。该类型是指在农民家庭承包经营基础上，以农民为主体，以产品、服务和土地、资金等生产要素为主要内容，本着自愿互利、民主管理原则建立起自我服务、自我受益的互助性合作组织。2012年江苏此类农民专业合作社数量达到5.5万多个，入社成员913多万人。农业专业合作社主要有四种合作类型：①产销合作型。此类合作社约占合作社总数的43.4%。②农民专业合作社与龙头企业对接型。此类合作社约占27.2%。③农民专业合作社产加销一体型。此类合作社约占21.3%。④农村专业服务型。这类合作社尚处起步阶段，约占8.4%。

二是农村社区股份合作社。该类型是指农村集体经济组织成员以量化到其名下的集体经营性净资产份额作为主要出资方式，设立相应的农民专业合作社，为合作社全体成员提供与农业生产经营有关的公益性服务及其他服务。2012年，江苏此类农民专业合作社数量达到3693个，入社成员512多万人，净资产为447亿元。

三是农地股份合作社。农地股份合作社是指农民以承包地的经营权作为主要出资方式，以增加土地承包经营权收益、分享农业适度规模经营效益为主要目的所设立的相应农民专业合作社。2012 年，江苏此类农民专业合作社数量达到 5400 多个，入股农户 110 多万户，入股土地面积 350 万亩左右。

四是劳务合作社。劳务合作社是苏州太仓市的一个创新举措。在太仓，每个村都有一个劳动力信息协管员，通过与大中型企业劳务合作，专门为农村剩余劳动力提供就业岗位。2005 年以来每年都有 6000 ~ 7000 名经过短期培训的被征地农民实现就业。

五是富民合作社。富民合作社是以行政村或组为单位建立的一种农民组织。通过将农民相关资源集中入股，市场化运作，年终按股分红，建立了一个增加农民财产性收入的长效增收渠道。

家庭农场发展状况。发展家庭农场，是推进适度规模经营的最佳载体，由于多部门多举措积极扶持，家庭农场得到了迅速发展，2013 年 4 月底，全省各级工商登记机关已登记家庭农场 197 户，其中个体户 122 户、个人独资企业 69 户、合伙企业 2 户、公司 4 户。到 6 月，全省符合家庭农场要求的各类农户总数达 24.2 万家，目前已登记注册的有 800 多户。目前全省家庭农场发展主要呈现以下三个特点：一是规模相对适度。据调查的 62 家家庭农场分析，粮食种植家庭农场规模在 100 ~ 500 亩的占到 42% 以上，100 亩以下的占 35%，500 亩以上的只占 23%。二是科技含量较高。家庭农场经营者基本都具有丰富的种养经验或较高的科技运用能力。三是效益比较显著。调查的家庭农场农业主业经营年净收益为 13.37 万元，普遍在 10 万元以上。

4.4 本章小结

首先，我们对经营规模对生产成本的影响机制尤其是通过技术效率损失和配置效率损失的影响机制进行了分析。其次，分析了水稻和小麦这两种主要粮食生产成本及其构成部分，即物质与服务费用、人工成本及土地成本的变化趋势，研究发现，水稻和小麦的生产成本均以年均 10% 的增长率在增长，其中，在工业化、城镇化迅速发展的背景下，土地市场逐步形成，土地成本增长最快，人工成本增长次之，物质与服务费用增长最慢，因此，在成本结构中所占比重呈现下降趋势。在分析全国平均水平的基础上，我们选择了水稻前四大产区和小麦前五大产区进行分析，亩均生产总成本及其构成部分与前述变化趋势基本一致，但是各个地区之间存在差异。最后，本章对江苏省相关情况进行简要介绍，江苏省既是经济强省也是农业大省，2014 年水稻产量位居全国第四名，小麦产量位居全国第五名，是典型的稻麦轮作区，选择江苏作为研究对象具有一定的代表性。下面实证部分将使用江苏省农户微观数据进行分析。

第5章　农户经营规模、粮食生产成本结构及国际比较①

第3章和第4章主要描绘了我国种植业经营规模分布变化趋势和水稻、小麦生产成本及其结构变化趋势。相关数据表明：我国户均经营规模在经历长期下降之后，逐渐开始上升，并且我国种植业农户经营规模结构也在发生剧烈变化，土地不断向大规模农户集中，与此同时，我国水稻和小麦生产成本也在逐年攀升，其中，土地成本和人工成本增长迅速。

进入21世纪以来，我国农业的发展形势非常好，水稻产量由2003年的1.61亿吨增长到2014年的2.06亿吨，年均增长率为2.3%。小麦产量由2003年的0.86亿吨增长到2014年的1.26亿吨，年均增长率为3.5%。然而，我国水稻和小麦产业出现了所谓的产量、进口量和库存量“三量齐增”的尴尬现象，2014年小麦进口量为300万吨，稻谷和大米进口量为258万吨②。进口水稻和小麦挤占国内水稻和小麦市场份额，形成“国货入库，洋货入市”的局面，并且随着库存量的增加，库存“堰塞湖”风险不断提高，引起我国政府和国际市场的担忧。

主流的农业生产理论认为，生产者的平均成本曲线呈现“U”型或者“L”型，即随着经营规模的扩大，平均成本呈现先下降后上升的趋势或者平均成本曲线下降并维持在较低水平。本章将聚焦在以下几个问题：第一，随着我国粮食适度规模经营主体数量的增长，适度规模农户单位产品成本相对于小规模农户是否发生变化？第二，随着经营规模的扩大，农户生产成本结构呈现怎样的变化特

---

① 张晓恒，周应恒，严斌剑．农地经营规模与水稻生产成本：江苏案例［J］．农业经济问题，2017，2：48－54.

② 进口数据来源于2015年《中国统计年鉴》。

征？第三，我国粮食生产成本较高是否与要素过度投入有关，哪些要素存在过度投入现象？剖析以上问题有助于我们更深入地理解农业生产理论在我国农业部门的适用性，此外，还能够评估我国政府部门鼓励适度规模经营的政策效果，也为政府部门完善我国粮食价格支持政策提供参考。

5.1 经营规模与水稻生产成本结构

成本包含经济成本与会计成本两种概念。近年来有关我国水稻生产土地成本、人工成本显性化的表述是从会计成本的角度理解农业生产成本的。MacDonald等（2007）指出，在进行农业生产成本分析时，其成本是经济成本的概念，应该包含直接的现金支出以及间接成本，如经营者自己及其家人付出的劳动，虽然没有以现金的方式支付工资，但是在核算成本时应该计算这部分成本。此外，经营者使用自有的机器设备的成本也应该核算在成本中。Mosheim 和 Lovell（2009）使用经营者自己及其家人付出劳动的机会成本核算奶牛养殖的人工成本。成本核算非常复杂，目前我国最权威的农产品生产成本核算数据是发展和改革委员会每年发布的《农产品成本收益资料汇编》，该数据是用微观农户数据加权平均汇总成各地区各品种的平均成本。数据包括我国种植业和养殖业主要品种的物质与服务费用、人工成本、土地成本、产量、产值等信息。其中，人工成本包括自用工折价和雇工费用两类；土地成本包括自营地折租和流转地租金两类；其他自有机器设备以折旧费计入物质与服务费用。

本书所使用的数据是《江苏省农产品成本收益资料汇编》的水稻种植户微观数据。抽样方法是分层抽样，具体来看，综合考虑调查品种的播种面积、产量、商品量等指标，依次确定调查市→调查县→主产乡镇，再把每个乡镇的所有农户划分为上、中、下三种类型，最后从每类农户中随机选定一些农户（农场）作为调查户。调查县选定调查户时应当根据当地一般农户、规模经营户的经营土地面积、产量、商品量等指标，合理确定不同类型调查户的数量。粮棉油等主要农产品的每一个调查品种、每一个调查县至少要选取三个调查点（乡镇），每个调查点至少要选取三个调查户，即至少达到一县一个品种“三点九户”的数量要求。

江苏是中国最发达的地区之一，在村级、乡镇一级、县级、市级以及省级都有接受过良好培训的调查人员，数据质量较高（Fan，2000）。2014 年江苏省在所辖 13 个地级市 37 个县共调研了 339 个水稻种植户，平均规模 24 亩，其中最小规模为 1 亩，最大规模为 530 亩，总调研面积 8136 亩。本书将样本农户的经营规模划分为 6 个区间：10 亩以下、10～30 亩、30～50 亩、50～100 亩、100～200 亩以及 200 亩以上。从农户数量来看，78.5% 的农户种植规模在 10 亩以下，种植规模在 50 亩以上的农户数量占 10.3%。然而，从经营面积来看，10 亩以下农户的经营面积仅占样本调研总面积的 13.1%，而经营规模在 50 亩以上农户的经营面积占样本调研总面积的 78.2%（见表 5－1）。近年来，经营规模在 100～300 亩的农户被认为是江苏地区的适度规模农户，因此，政府鼓励并且通过补贴的形式支持经营规模处于这个区间的农户，这也在一定程度上解释了样本中这部分农户所占比重较高的原因。

表 5－1　样本农户水稻种植规模分布

规模区间	<10 亩	10～30 亩	30～50 亩	50～100 亩	100～200 亩	>200 亩
样本数量（个）	266	33	5	7	18	10
数量占比（%）	78.5	9.7	1.5	2.1	5.3	2.9
平均规模（亩）	4.0	15.7	40.24	80	147.3	315.1
面积占比（%）	13.1	6.4	2.5	6.9	32.6	38.7

资料来源：《江苏省农产品成本收益资料汇编》微观农户数据。

关于经营规模区间分布，主要参考了 2000 年世界农业普查资料中中国经营规模分布的统计口径。该统计口径所对应的规模区间分别为 0.2 公顷、0.6 公顷、1 公顷、1.4 公顷、2 公顷、3.4 公顷、6.6 公顷、10 公顷以及 13.4 公顷，针对我们的样本特征，我们选择 0.6 公顷所对应的面积大约为 10 亩。2 公顷对应的面积大约是 30 亩，3.4 公顷所对应的面积大约是 50 亩，6.6 公顷所对应面积大约是 100 亩以及 13.4 公顷所对应的面积大约是 200 亩，基于 10 亩、30 亩、50 亩、100 亩以及 200 亩这 5 个区间值将规模分为 6 个区间。

5.1.1 经营规模与基于土地和人工官方价格的水稻单位成本

本书按照官方农产品成本统计结构，将水稻成本分为物质与服务费用、人工成本和土地成本三大类。在物质与服务费用中进一步分为化肥费、农药费、机械费、灌溉费、其他直接费用和间接费用；在人工成本中分别汇报家庭用工成本和雇工成本。表5－2和表5－3中的成本数值是农户生产每千克水稻的成本。

从每千克水稻的总成本数据来看，随着规模的扩大，成本并没有如理论预测那样降低，而是呈上升趋势。经营规模在10～30亩的农户的单位水稻成本最低，为1.631元/千克，相对于10亩以下的农户下降了7.3%。但是，随着规模的进一步扩大，单位水稻成本呈现快速上升的趋势，相对于10亩以下的农户，30～50亩、50～100亩、100～200亩以及200亩以上的农户单位水稻成本分别上涨8.8%、12.2%、12.3%以及21.1%。

从水稻单位成本结构来看，物质与服务费用占比最高，但是随着规模的扩大，其比重并未表现出明显的变化趋势，而是维持在53.1%～55.1%。每千克水稻的土地成本和人工成本占总成本的比重呈现出相反的变化趋势。单位水稻的人工成本随着规模的扩大呈现下降趋势，并且人工成本结构中家庭用工成本比重随着规模的扩大呈现迅速下降趋势，而雇工成本比重迅速上升。当规模超过50亩时，雇工成本超过家庭用工成本，雇工成为水稻生产的主要劳动力来源。在人工成本随着规模扩大而降低的同时，机械费用呈现上升趋势，30～50亩的农户的机械费与人工成本相当，规模进一步扩大后，机械费用超过人工成本。Liu等（2014）认为无论是大型、中型还是小型机械，机械和劳动力之间均存在很强的替代弹性。纪月清和钟甫宁（2013）、纪月清等（2013）指出，农户在非农就业机会增加时，即劳动力机会成本增加时，会减少劳动力投入并以机械服务替代劳动。化肥费和农药费随着规模的扩大呈现波动变化的特征，其中，100～200亩的农户生产每千克水稻的化肥费和农药费均处于较低水平。灌溉费和其他直接费用并没有随着规模的扩大呈现显著的变化趋势。值得一提的是，间接费用随着规模的扩大呈现上升趋势。间接费用包括固定资产折旧、保险费、管理费、财务费和销售费，其中，保险费和销售费是间接费用的主要构成部分，每千克水稻的保险费在不同规模农户间并没有显著差异，这可能是由于保险费是由政府按面积补贴并直接缴纳到保险公司①；销售费随着农户规模的扩大而不断增加。此外，固定资产折旧费并没有随着规模的扩大而增加，这可能是因为随着农业社会化服务市场的完善，农户可能不会直接增加对农机具等固定资产投资，而是购买农机服务（纪月清和钟甫宁，2013）。土地成本是单位水稻生产成本结构中上升幅度最大的一项，其中，10～30 亩的农户每千克水稻土地成本最低，为 0.322 元/千克，然而，当规模超过 30 亩时，单位水稻的土地成本大约翻了 1 倍，这一方面是因为随着农户经营规模的扩大，规模经营户在租赁土地时需要与更多的农户协调，尽量将土地集中，交易成本提高；另一方面可能是因为官方在折算农户自营土地价格时低估了土地的租金，下面将对该问题做进一步分析。

表 5－2　基于土地和劳动官方价格的不同规模农户水稻单位成本

	<10 亩	10～30 亩	30～50 亩	50～100 亩	100～200 亩	>200 亩
物质与服务费用（元/千克）	0.957	0.899	1.015	1.077	1.052	1.157
化肥费（元/千克）	0.273	0.296	0.258	0.258	0.243	0.269
农药费（元/千克）	0.173	0.147	0.203	0.23	0.187	0.245
机械费（元/千克）	0.298	0.254	0.316	0.347	0.359	0.366
灌溉费（元/千克）	0.089	0.083	0.086	0.085	0.087	0.089
其他直接费用（元/千克）	0.073	0.072	0.065	0.064	0.07	0.072
间接费用（元/千克）	0.05	0.046	0.087	0.094	0.106	0.117
人工成本（元/千克）	0.463	0.41	0.318	0.28	0.272	0.304
家庭用工（元/千克）	0.452	0.379	0.191	0.116	0.078	0.076
雇工（元/千克）	0.01	0.032	0.127	0.164	0.194	0.228
土地成本（元/千克）	0.339	0.322	0.58	0.616	0.652	0.669
总成本（元/千克）	1.759	1.631	1.913	1.973	1.976	2.13
产量（千克/亩）	585.85	599.54	597.97	602.27	578.88	561.19
销售价格（元/千克）	2.969	2.934	3.172	3.251	3.251	3.298
净利润（元/亩）	708.879	781.201	752.844	769.701	738.072	655.47

资料来源：《江苏省农产品成本收益资料汇编》微观农户数据。

① 根据笔者对江苏地区的调研发现，政府部门对农户的粮食种植进行保险补贴，由政府部门直接将保险费交给保险公司，有些农户并不知情，但是在农户遭遇自然灾害时可以获得一定的保险赔偿。

单位水稻成本的变化与水稻单产相关，随着规模的扩大，单产呈现先上升后下降的趋势，50～100 亩的水稻单产水平最高，当规模超过 100 亩时，水稻单产呈现快速下降趋势，降幅分别为 3.9% 和 6.8%。相对于 50～100 亩的农户，如果随着规模的扩大水稻单产保持不变，那么单位水稻成本基本维持不变①，即单产水平的下降是 100 亩以上农户单位水稻成本上升的主要原因。

随着种植规模的扩大，水稻的销售价格呈现上升趋势，这可能是因为种植规模较大的农户一般与种子公司或者水稻加工厂签订销售合同，由种子公司提供稻种或者自己按照加工厂的要求选择种植品种，最终将产品以高于市场的价格卖给种子公司制种或者水稻加工厂加工。虽然规模较大农户的水稻销售价格较高，但由于单位成本和单产方面的劣势，亩均净利润并没有表现出优势。从表 5－2 可以看出，10～30 亩的农户每亩净利润最高，为 781.201 元，200 亩以上的农户每亩净利润最低，为 655.47 元。

5.1.2　经营规模与基于土地和人工市场价格的水稻单位成本

李首涵等（2015）直接利用官方农本核算数据分析发现，粮食生产的比较效益高于绝大部分工业部门，他们认为主要是农本核算数据中家庭用工价格被低估造成的。从三大主粮 2009～2013 年的数据来看，家庭用工的核算工价低于雇工工价 41.1%，他们使用当地农业雇工市场实际发生的工价进行矫正。本书样本数据同样存在这样的问题，家庭用工平均工价为 42.9 元/天，而雇工平均工价为 86.2 元/天，雇工工价是家庭用工工价的两倍。由于小规模农户水稻生产主要以家庭用工为主，较低的家庭用工工价将严重低估小规模农户的成本。此外，上一部分提到的单位水稻的土地成本随着规模的扩大呈现迅速上升趋势，本书比较了官方公布的自营地折租和流转地租金，发现亩均流转地租金比自营地折租高 63.3%，当然交易成本的提高能够解释其中的部分。我们采取李首涵等（2015）的做法，将家庭用工工价以当地雇工工价进行矫正，将自营地租金以流转地租金进行矫正②，进而重新计算单位水稻生产的各项成本，如表 5－3 所示。

① 如果 100～200 亩以及 200 亩以上农户的单产水平以 602.27 千克/亩计算，其单位产品成本为 1.9 元/千克和 1.985 元/千克，相对于 50～100 亩农户的单位粳稻成本并没有显著上升。

② 以土地流转租金矫正自营地租金可能高估小规模农户土地成本。

表 5 – 3　基于土地和劳动市场价格的不同规模农户水稻单位成本

	<10 亩	10 ~ 30 亩	30 ~ 50 亩	50 ~ 100 亩	100 ~ 200 亩	>200 亩
物质与服务费用（元/千克）	0.957	0.899	1.015	1.077	1.052	1.157
化肥费（元/千克）	0.273	0.296	0.258	0.258	0.243	0.269
农药费（元/千克）	0.173	0.147	0.203	0.23	0.187	0.245
机械费（元/千克）	0.298	0.254	0.316	0.347	0.359	0.366
灌溉费（元/千克）	0.089	0.083	0.086	0.085	0.087	0.089
其他直接费用（元/千克）	0.073	0.072	0.065	0.064	0.07	0.072
间接费用（元/千克）	0.05	0.046	0.087	0.094	0.106	0.117
人工成本（元/千克）	0.901	0.812	0.595	0.466	0.357	0.376
家庭用工（元/千克）	0.891	0.78	0.468	0.301	0.163	0.148
雇工（元/千克）	0.01	0.032	0.127	0.164	0.194	0.228
土地成本（元/千克）	0.541	0.505	0.589	0.616	0.652	0.669
总成本（元/千克）	2.399	2.216	2.199	2.159	2.061	2.202
产量（千克/亩）	585.85	599.54	597.97	602.27	578.88	561.19
销售价格（元/千克）	2.969	2.934	3.172	3.251	3.251	3.298
净利润（元/亩）	333.935	430.47	581.825	657.679	688.867	615.064

资料来源：《江苏省农产品成本收益资料汇编》微观农户数据。

家庭用工和自营地租金经矫正以后，水稻单位总成本随着规模的扩大呈现下降趋势，规模区间越小，矫正前后成本变动幅度越大。但是，当规模超过 200 亩时单位成本再次上升，并且与 30 ~ 50 亩的农户成本相当。单位水稻总成本与种植规模呈现出“U”型关系。随着规模的变化，单位水稻生产的人工成本和土地成本变化趋势并没有改变，但是，人工成本下降趋势更加明显，10 亩以下的农户人工成本由 0.463 元/千克上升到 0.901 元/千克，大约增加了一倍，这是因为小规模农户主要以家庭用工为主，而家庭用工工价大约是雇工工价的一半。10 ~ 30 亩以及 30 ~ 50 亩的农户的人工成本大约也增加了一倍。相对于 10 亩以下的农户，100 亩以上的农户的人工成本大约下降了 60.4%，并且当经营规模超过 100 亩时，单位水稻的雇工成本超过家庭用工成本。随着规模的扩大，单位水稻的土地成本呈现上升趋势，但单位成本维持在 0.505 ~ 0.669 元/千克，变动幅度明显降低。不同规模间土地成本的差异是各规模区间流转地租金相对于平均流转地租金的差异，随着规模的扩大，流转土地的租金提高。这与国外的情况正好相反，Ellis（1993）认为在大部分国家，大规模土地拥有者或者经营者的土地成本低于小规模农户。本书的样本数据还显示，当农户经营规模超过 100 亩时，水稻单产将呈现下降趋势，这与对巴西和印度的研究结论一致（Ellis，1993；Berry and Cline，1979），但土地成本不降反升，这将显著影响农户的经营利润。

经价格矫正后，如表 5 - 3 所示，不同规模区间农户的每亩净利润表现出显著变化。总体来看，每亩净利润均有所降低，但规模越小，降低幅度越大，其中，10 亩以下的农户的每亩净利润由 708.879 元下降到 333.935 元，下降了 52.9%。样本数据还显示，当经营规模超过 50 亩时，每亩净利润基本能够达到 600 元。对于小规模农户而言，由于劳动力成本所占份额较高，亩均利润较低，加之规模较小，种植水稻的总收益非常低，这将影响小规模农户从事水稻种植的积极性。

5.2　经营规模与小麦生产成本结构

如第 4 章所述，江苏省既是经济强省，也是农业大省，2014 年小麦产量在全国排名第五，因此，我们选择江苏省作为分析的对象。因为江苏省内部分为苏南、苏中和苏北三个处于不同经济发展阶段的区域。2014 年江苏省物价局成本分局在江苏所辖的 13 个地级市调研了 377 个小麦种植户，平均规模 28 亩，其中最小规模为 1 亩，最大规模为 1200 亩，总调研面积 10586 亩。本书将样本农户的经营规模划分为 6 个区间：10 亩以下、10 ~ 30 亩、30 ~ 50 亩、50 ~ 100 亩、100 ~ 200 亩以及 200 亩以上。从农户数量来看，77.19% 的农户种植规模在 10 亩以下，种植规模在 50 亩以上的农户数量占 9.82%。然而，从经营面积来看，10 亩以下农户的经营面积仅占样本调研总面积的 12.66%，而经营规模在 50 亩以上农户的经营面积占样本调研总面积的 78.23%，如表 5 - 4 所示。小麦经营规模分布与水稻具有相似性，因为江苏地区大部分农户采取的是稻麦轮作的耕作模式。从表 5 - 4 中可以看出，由于江苏省将经营规模在 100 ~ 300 亩的农户认定为与江苏经济发展、农业技术以及农村人口转移规模相匹配的适度规模区间，因此，政府鼓励并且通过补贴的形式支持经营规模处于这个区间的农户，这也在一定程度上解释了样本中这部分农户所占比重较高的原因。关于样本规模区间点的选择，主要参考我国两次农业普查数据进行划分。

表 5-4　样本农户小麦种植规模分布

规模区间	<10 亩	10~30 亩	30~50 亩	50~100 亩	100~200 亩	>200 亩
样本数量（个）	291	42	7	9	19	9
数量占比（%）	77.19	11.14	1.86	2.39	5.04	2.39
平均规模（亩）	4.6	15.8	42.9	74.9	141.8	545.2
面积占比（%）	12.66	6.27	2.84	6.37	25.47	46.39

资料来源：《江苏省农产品成本收益资料汇编》微观农户数据。

5.2.1　经营规模与基于土地和人工官方价格的小麦单位成本

在对经营规模与小麦单位产品生产成本关系进行汇报之前，与上述水稻部分分析模式一样，我们主要分析小麦物质与服务费用、人工成本和土地成本三大类，在物质与服务费用中进一步分析化肥费、农药费、机械费、灌溉费、其他直接费用和间接费用与经营规模的关系。另外，我们将人工成本分解为家庭用工成本和雇工成本。表 5-5 汇报了小麦各项具体成本随着规模的增加而变化的情况。因为不同规模农户甚至是同一规模区间农户的小麦亩产量存在差异，所以我们在分析小麦成本时直接用每千克小麦的成本来代替亩均成本。因为在分析小麦的国际竞争力时使用每千克小麦的成本更有价值。

从每千克小麦的总成本数据来看，随着规模的扩大，成本并没有如理论预测那样呈现“U”型或者“L”型，而是呈上升趋势，即从当前的统计数据来看，小麦生产过程中并不存在规模经济。经营规模在 10~30 亩的农户的单位小麦生产成本最低，为 1.768 元/千克。相对于 10 亩以下的农户，单位小麦生产成本降低了 0.81%。但是，随着规模的进一步扩大，单位小麦成本呈现快速上升的趋势，相对于 10~30 亩的农户，30~50 亩、50~100 亩、100~200 亩以及 200 亩以上的农户单位小麦成本分别上涨 26.86%、30.94%、33.80%以及 39.06%。单位小麦生产成本随规模的变化趋势与水稻并不一致。因此，我们进一步考察了小麦亩均生产成本和亩产量。从表 5-5 可以看出，小麦生产的亩均生产成本呈现波动式上升趋势，但是相对于 10 亩以下农户，随着规模的扩大，成本上升幅度远低于单位小麦成本的上升幅度。造成这种现象的主要原因是随着规模的扩大，除了 10~30 亩的农户单产水平相对于 10 亩以下农户上升 4.38%外，30~50 亩、50~100 亩、100~200 亩以及 200 亩以上的农户小麦单产水平相对于 10 亩以下农户呈现大幅下降趋势，分别下降了 7.63%、10.68%、10.59% 以及 17.05%。

表 5-5　基于土地和劳动官方价格的不同规模农户小麦单位成本

	<10 亩	10~30 亩	30~50 亩	50~100 亩	100~200 亩	>200 亩
物质与服务费用（元/千克）	0.973	1.008	1.025	1.136	1.171	1.144
化肥费（元/千克）	0.313	0.322	0.313	0.356	0.369	0.335
农药费（元/千克）	0.074	0.077	0.095	0.097	0.090	0.073
机械费（元/千克）	0.316	0.304	0.298	0.333	0.312	0.325
灌溉费（元/千克）	0.012	0.022	0.007	0.006	0.009	0.013
其他直接费用（元/千克）	0.196	0.229	0.205	0.229	0.252	0.278
间接费用（元/千克）	0.062	0.055	0.106	0.115	0.139	0.121
人工成本（元/千克）	0.356	0.353	0.319	0.277	0.255	0.357
家庭用工（元/千克）	0.345	0.320	0.133	0.118	0.137	0.138
雇工（元/千克）	0.011	0.033	0.186	0.159	0.117	0.220
土地成本（元/千克）	0.453	0.407	0.898	0.901	0.939	0.956
总成本（元/千克）	1.782	1.768	2.243	2.315	2.365	2.458
产量（千克/亩）	430.133	448.999	397.324	384.178	384.563	356.777
亩均成本（元/千克）	749.073	785.795	882.611	879.023	900.961	871.381
销售价格（元/千克）	2.317	2.329	2.444	2.503	2.494	2.451
净利润（元/亩）	249.648	260.888	85.315	80.801	54.994	-0.816

从小麦单位成本结构来看，物质与服务费用占比最高，随着规模的扩大，物

质与服务费用的绝对值呈现缓慢的上升趋势，但是其在单位生产成本中的比重并未表现出相同的变化趋势，数值基本维持在45.71%~57.04%。这与水稻生产不同，单位小麦的物质与服务费用占比已经低于50%。此外，当经营规模超过30亩时，物质与服务费用的占比呈现波动式下降趋势。

每千克小麦的土地成本和人工成本占总成本的比重呈现出相反的变化趋势。单位小麦的人工成本随着规模的扩大呈现下降趋势，并且人工成本结构中家庭用工成本比重随着规模的扩大呈现迅速下降趋势，而雇工成本比重迅速上升。当规模超过30亩时，雇工成本超过家庭用工成本，雇工成为水稻生产的主要劳动力来源。单位小麦的土地成本随着规模的扩大呈现迅速上升趋势，并且增长速度是单位小麦生产成本结构中上升幅度最大的一项，其中，10~30亩的农户每千克小麦土地成本最低，为0.407元，然而，当规模超过30亩时，单位小麦的土地成本大约翻了一倍，这一方面是因为随着农户经营规模的扩大，规模经营户为了尽量将土地集中经营，在租赁土地时需要支付更高的交易成本；另一方面可能是因为官方在折算农户自营土地价格时低估了土地的租金。

单位小麦生产过程中的平均农药费为0.084元/千克，随着规模的变化，单位小麦的农药费呈现先上升后下降的趋势。与水稻相比，小麦生产过程中的农药费大约只有水稻的一半。但是，单位小麦的化肥费要高于水稻，并且随着规模的扩大呈现波动式上升趋势。另外，与水稻不同的是单位小麦生产过程中的其他直接费用较高，因为这里的其他直接费用是物质与服务费用在扣除化肥费、农药费、机械费、灌溉费、间接费用后的剩余费用，还包括种子费、农膜费等。单位小麦的其他直接费用较高主要是其中包含着种子费。与水稻生产类似，间接费用随着规模的扩大呈现上升趋势。间接费用包括固定资产折旧、保险费、管理费、财务费和销售费，其中，保险费和销售费是间接费用的主要构成部分，每千克小麦的保险费在不同规模农户间并没有显著差异，这可能是由于保险费是由政府按面积补贴并直接缴纳到保险公司①；销售费随着农户规模的扩大而不断增加。此外，固定资产折旧费并没有随着规模的扩大而增加，这可能是因为随着农业社会

① 根据笔者对江苏地区的调研发现，政府部门对农户的粮食种植进行保险补贴，由政府部门直接将保险费交给保险公司，有些农户并不知情，但是在农户遭遇自然灾害时可以获得一定的保险赔偿。

化服务市场的完善，农户可能不会直接增加对农机具等固定资产投资，而是购买农机服务（纪月清和钟甫宁，2013）。这些解释与水稻产业类似。

表5－5还汇总了不同规模农户小麦的销售价格和净利润。从销售价格来看，随着规模的扩大，销售价格呈现先上升后下降的趋势，当规模超过200亩时，销售价格有显著的下降趋势。此外，从净利润来看，经营规模小于10亩以及10～30亩的农户每亩能够获得250元左右的净利润，当经营规模进一步扩大时，每亩净利润呈现显著下降趋势，当经营规模超过200亩时净利润基本上为零。该结果与水稻生产情况形成鲜明对比，以官方数据来看，无论哪个规模区间农户，水稻亩均净利润都要高于650元。该结果表明，江苏地区虽然以稻麦轮作为主，但是小麦种植的利润非常低，因此，我们不难理解江苏省小麦种植面积年度波动比较剧烈。此外，从种植条件来看，水稻对环境的要求应该远远高于小麦，但是统计数据表明，江苏省水稻播种面积一般都高于小麦。如果考虑到家庭用工折价被低估，那么，小麦种植基本上处于亏损状态。

5.2.2　经营规模与基于土地和人工市场价格的小麦单位成本

如上所述，李首涵等（2015）已经指出《全国农产品成本收益资料汇编》中核算家庭用工工价和雇工工价时应区别对待，认为雇工工价要高于家庭用工工价①，这样是不正确的。如果基于这样的数据，将会得出粮食生产的比较效益高于绝大部分工业部门，这并不现实。所以，这一部分，我们将使用雇工工价替代家庭用工工价，同时，自营地和流转地也存在类似情况，我们统一使用流转地价格作为土地要素的价格。因此，我们对小麦生产过程中相关成本项目进行重新核算，结果如表5－6所示。经过价格调整以后，仅劳动成本和土地成本发生变化，物质与服务费用不会发生变化。

经过价格调整以后，单位小麦生产的总成本呈现先下降后上升的“U”型关系。经营规模在30～50亩的单位小麦的生产成本最低，为2.427元/千克，随着规模的进一步扩大，单位小麦的生产成本开始上升，200亩以上农户的单位小麦

① 主要是因为统计部门认为家庭用工的质量要低于雇工的质量，其实，在实际生产过程中，农忙季节，无论是年轻还是年老，工价基本相当，因为农忙时劳动力十分短缺。此外，雇工的高质量在实际生产过程中可能无法体现，因为工资是按照工作时间核算的，而不是计件工资。

生产成本最高，为2.665元/千克。经价格调整以后，10亩以下以及10~30亩的单位小麦劳动成本的变化幅度最大，这是因为规模相对较小的农户主要以家庭用工为主。从整个规模区间来看，单位小麦的劳动成本呈现波动式下降趋势。经价格调整以后，不同规模农户之间单位小麦的土地成本变动幅度并不是很大，基本维持在0.8~0.960元/千克。

此外，经价格调整以后，变化比较大的是亩均净利润，表5-6结果显示仅30~50亩和50~100亩两个区间农户的净利润为正，其余规模区间农户净利润均为负。其中，10亩以下区间、10~30亩以及200亩以上农户种植小麦平均每亩损失75元左右。总体来看，经过价格调整以后，样本农户经营小麦基本上无利可图。

表5-6 基于土地和劳动市场价格的不同规模农户小麦单位成本

	<10亩	10~30亩	30~50亩	50~100亩	100~200亩	>200亩
物质与服务费用（元/千克）	0.973	1.008	1.025	1.136	1.171	1.144
化肥费（元/千克）	0.313	0.322	0.313	0.356	0.369	0.335
农药费（元/千克）	0.074	0.077	0.095	0.097	0.090	0.073
机械费（元/千克）	0.316	0.304	0.298	0.333	0.312	0.325
灌溉费（元/千克）	0.012	0.022	0.007	0.006	0.009	0.013
其他直接费用（元/千克）	0.196	0.229	0.205	0.229	0.252	0.278
间接费用（元/千克）	0.062	0.055	0.106	0.115	0.139	0.121
人工成本（元/千克）	0.676	0.697	0.500	0.427	0.452	0.564
家庭用工（元/千克）	0.665	0.664	0.314	0.268	0.334	0.344
雇工（元/千克）	0.011	0.033	0.186	0.159	0.117	0.220
土地成本（元/千克）	0.889	0.800	0.902	0.901	0.939	0.956
总成本（元/千克）	2.537	2.505	2.427	2.465	2.562	2.665
产量（千克/亩）	430.184	448.999	397.324	384.178	384.563	356.777
亩均成本（元/千克）	1075.319	1121.999	955.821	938.657	983.606	950.046
销售价格（元/千克）	2.320	2.329	2.444	2.503	2.494	2.451
净利润（元/亩）	-76.597	-75.315	12.104	21.167	-27.650	-79.481

5.3 要素边际产出价值与要素价格

我国农业生产面临人多地少的资源禀赋约束，农户通过密集使用人工、化肥、农药等其他要素来克服土地资源稀缺的限制（Carter，2011）。过高的成本可能与不合理配置相关要素从而导致过量使用某些要素有关。相关研究表明，我国化肥使用量大约是世界平均水平的4倍，并且使用效率不足1/3（Wu，2011；农业部，2015；陈锡文，2015）。那么，对于化肥、农药、机械、人工和土地等投入要素，哪些要素存在过量投入问题呢？要素的边际产品价值与要素价格的比值是衡量要素是否过量使用的一种简单方式。当某要素的边际产品价值高于要素价格时，我们认为该要素不存在过量投入，反之则过量投入。要素的边际产品价值可以通过生产函数计算，生产函数如下式：

$$\ln Y_i = \beta_0 + \beta_1 \ln fert_i + \beta_2 \ln machi_i + \beta_3 \ln land_i + \beta_4 \ln labor_i + \mu \quad (5-1)$$

式中，Y_i 为第 i 个农户水稻产出水平；$fert_i$、$machi_i$、$land_i$ 和 $labor_i$ 分别为第 i 个农户化肥、机械、土地和人工要素投入数量。生产函数中并没有包含农药这个要素，一方面是因为农药使用种类繁多，统计过程中并没有统计农药的使用量；另一方面是因为农药只有在病虫害存在时才能发挥作用，与化肥、劳动等要素作用机制不同，使用相同的形式可能造成结果的偏误（周曙东和张宗毅，2013）。本书使用机械费用与柴油价格之比作为机械的投入量。

表5-7 水稻生产函数回归结果

变量	50亩以下	50亩及以上
化肥	0.074*** (0.019)	-0.011 (0.067)
土地	0.867*** (0.030)	0.786*** (0.110)
劳动	0.004** (0.002)	0.041* (0.024)
机械	0.064*** (0.013)	0.130** (0.057)
常数项	5.964*** (0.105)	6.221*** (0.327)

续表

变量	50 亩以下	50 亩及以上
Wald Chi^2	31412.62***	1340.70***
Observations	304	35

注：***、**、*分别表示在1%、5%和10%置信水平上显著；括号中的数字为标准误差。

表5-7汇总了生产函数的回归结果。为了尽可能比较不同规模之间的差异，我们将样本农户分为规模小于50亩和规模大于等于50亩两个组，进而分别回归。分组的标准非常随意并没有固定的标准，本书主要根据单位水稻人工成本是否超过0.5元/千克的50亩及以上和50亩以下两组。C-D生产函数的各投入要素的回归系数代表其产出弹性，从数值来看，土地要素的产出弹性最大，为0.867，但该结果比许庆等（2011）使用5省100个村1049个农户的微观数据计算的结果稍小一点（粳稻的土地要素弹性为0.954），表明土地要素在我国水稻生产过程中起到巨大作用。劳动、机械以及化肥等产出弹性与预期基本一致，具体将结合其边际产品价值进行解释。但是，这里需要说明的是，50亩及以上农户回归结果中，化肥系数为负，但是在统计意义上不显著，表明对于50亩及以上的农户，增加化肥投入已经无法增加产量①。表5-8汇报了各要素边际产品产值及要素价格，通过比较各投入要素的边际产品价值与要素市场价格的关系可以判断要素是否存在扭曲使用情况（Neven，2009）。从样本数据回归结果来看，化肥、人工和机械等要素的边际产品产值均低于要素的购买价格，表明水稻生产过程中化肥、人工和机械均存在过度使用现象。已有文献对我国水稻生产中化肥和人工过度使用现象进行了大量分析，本书的结论进一步表明随着规模的扩大，人工要素的边际产品价值逐渐接近人工成本，人工要素过度使用问题有所缓解，但化肥过度使用问题并没有出现缓解迹象。与此同时，有趣的是对于规模小于50亩的农户，机械也存在过度使用的现象，我们认为这里的过度使用可能是因为受到小规模农户地块较小且不规则的限制，农户在购买机械服务时需要支付更高的价格②。土地要素单位产品价值远远高于土地价格，表明在其他要素投入量不变

① 由于50亩及以上农户样本只有35个，可能样本量较小也在一定程度上对结果产生影响。

② 在进行机收作业时，由于有些地块比较狭长或者不规则，机器从一端收割到另一端后无法直接转弯，必须退回到起点再收割，这样会增加单位面积收割的时间和费用。

的情况下，土地要素投入数量的增加可以获得额外的收益，这也为我国鼓励适度规模经营提供了现实依据，只是人多地少的资源禀赋特征限制了这一收益的获取。

表5-8 水稻各生产要素边际产品价值及要素价格

	变量	50亩以下	50亩及以上
边际产品价值	化肥（元/千克）	3.892	—①
	土地（元/亩）	1512.846	1487.589
	人工（元/工日）	6.980	77.597
	机械（元/升）	5.687	10.227
要素价格	化肥（元/千克）	4.658	4.588
	土地（元/亩）	314.011	366.027
	人工（元/工日）	84.133	102.572
	机械（元/升）	7.96	7.96

基于水稻分析的结果，表5-9和表5-10进一步分析了小麦的情况。从50亩以下和50亩及以上两个规模区间生产函数回归结果来看，增加化肥、土地和劳动三种要素对小麦产出具有显著的促进作用，其中，土地的产出弹性最大，表明增加土地要素投入的产出效果最明显。回归结果比较有趣的是机械的产出弹性并不显著，即增加机械投入并不能增加小麦产出，这可能是因为江苏省小麦种植的机械化水平已经很高，所以再增加机械投入并不会增加产出，甚至可能导致边际产出价值低于要素投入成本。此外，从回归结果我们还可以看出效率损失在生产模型中非常重要，不可忽略。

表5-9 小麦生产函数回归结果

变量	50亩以下	50亩及以上
化肥	0.109*** （0.031）	0.208*** （0.074）

① 可能由于样本数量的限制，50亩及以上农户的化肥产出弹性为负值，而且在统计意义上并不显著，所以这里并没有计算其边际产品价值。

续表

变量	50 亩以下	50 亩及以上
土地	0.750*** (0.072)	0.707*** (0.102)
劳动	0.109** (0.022)	0.170*** (0.030)
机械	0.060 (0.060)	-0.133 (0.107)
常数项	5.280*** (0.343)	6.249*** (0.566)
Sigma_ v	0.117 (0.012)	0.049 (0.024)
Sigma_ u	0.119 (0.031)	0.122 (0.038)
lambda	1.016 (0.041)	2.463 (0.060)
Wald Chi^2	9309.43***	3073.14***
Observations	337	40

注：***、**、*分别表示在1%、5%和10%置信水平上显著；括号中的数字为标准误差。

表5－10进一步计算了小麦生产过程中各个要素的边际产出价值与对应要素价格的关系。如前所述，如果边际产品价值大于要素的价格，那么说明该要素投入不足，增加该种要素投入可以获得额外的收益，反之，如果边际产品价值小于对应要素的价格，说明多投入要素所产生的产品收益无法抵充购买要素的成本。从表5－10中我们可以看出，对于50亩以下农户，化肥和人工的边际产品价值要低于要素的价格，这说明样本农户小麦生产存在化肥和人工投入过量的问题，但是土地要素的边际产品价值高于产品价格，说明继续增加土地要素投入可以获得额外的收益。但是，对于50亩及以上农户而言，化肥和人工过量投入的问题已经消失，无论是化肥、人工还是土地要素，其边际产品价值均高于要素的对应价格，增加各个要素投入可以获得额外的收益。

表5－10　小麦各生产要素边际产品价值及要素价格

	变量	50 亩以下	50 亩及以上
边际产品价值	化肥（元/千克）	4.326	7.03
	土地（元/亩）	753.21	665.57
	人工（元/工日）	34.13	111.69
	机械（元/升）	—	—

续表

	变量	50 亩以下	50 亩及以上
要素价格	化肥（元/千克）	5.04	4.61
	土地（元/亩）	189.40	350.37
	人工（元/工日）	79.71	101.84
	机械（元/升）	7.96	7.96

5.4　我国粮食主要进口来源国成本结构比较

上一部分从绝对量的角度对水稻生产的单位成本进行了分析，但是分析我国水稻国际竞争力还应该比较相对成本。2014 年我国进口水稻 257.9 万吨，其中，从越南进口 135.2 万吨，占 52.4%；从巴基斯坦进口 75 万吨，占 29.1%；从泰国进口 40.7 万吨，占 15.8%。下面将分析我国水稻主要竞争对手的生产成本结构，厘清我国水稻劣势所在，为提高我国水稻的国际竞争力提供政策参考。

表 5－11 汇总了 2012 年越南、2011 年泰国和 2014 年美国水稻生产成本结构以及本书研究的微观样本和对应年份全国水稻生产的平均成本结构①。越南、泰国和美国的数据来源见注释，样本微观数据是经雇工价格和土地流转价格调整后根据各区间面积所占比重加权得到，对应年份中国水稻生产的成本结构数据来自《全国农产品成本收益资料汇编》，其中人工成本经雇工价格矫正，土地成本由于缺乏全国层面流转地面积与自营地面积比重的数据，所以仍采用可能被低估的土地租金数据。成本结构方面，根据各数据的可获得性，选择化肥费、农药费、人工成本（包括雇工和自家用工）和土地成本。为了便于比较，各项成本数据均折算成以当年美元计价的成本。

① 巴基斯坦虽然是我国水稻主要进口来源国，但并未收集到巴基斯坦水稻生产成本的数据。此外，我们还比较了 2014 年中美水稻生产成本结构。

表 5－11　主要国家水稻生产成本结构

成本结构	越南[1]	泰国[2]	美国[3]	样本	中国	中国	中国
	2012 年	2011 年	2014 年	2014 年	2011 年	2012 年	2014 年
化肥成本（美元/公顷）	232. 3	318. 7	338. 5	369. 3	288. 4	317. 6	295. 1
农药成本（美元/公顷）	172. 4	295	250. 9	294. 0	103. 3	116. 5	122. 6
劳动成本（美元/公顷）	—	268. 5	232. 5	673. 7	1478. 0	1695. 5	1881. 2
家庭用工成本（美元/公顷）	—	—	165. 5	435. 0	1372. 1	1568. 3	1738. 5
雇工成本（美元/公顷）	280. 4	—	67	238. 6	105. 9	127. 2	142. 7
土地成本（美元/公顷）	542. 6	—	375. 4	889. 8	370. 8	416. 0	503. 5
总成本（美元/公顷）	1517. 3	1720. 4	2534	3075. 0	2799. 2	3189. 6	3532. 4
产量（吨/公顷）	5. 5	8. 1	9. 2	8. 7	7. 0	7. 2	7. 3
产品成本（美元/吨）	275. 9	212. 4	275. 4	353. 4	399. 9	443. 0	483. 9

从表 5－11 可以看出，无论是越南、泰国还是美国，其水稻的单位成本均低于中国。2012 年越南每公顷水稻的生产总成本为 1517. 3 美元，其中化肥费为 232. 3 美元/公顷，农药费为 172. 4 美元/公顷，雇工费用为 280. 4 美元/公顷，家庭用工和土地的机会成本为 542. 6 美元/公顷[4]。从 2012 年中国水稻生产成本结构来看，每公顷化肥费较越南高出 37%，农药费低于越南，雇工费用是越南的一半，但中国水稻生产的自家用工成本和土地成本为 1984. 3 美元/公顷，是越南的 3. 7 倍。2011 年泰国每公顷水稻生产的总成本为 1720. 4 美元，化肥费和农药费分别比中国高出 10% 和 65%，但中国水稻生产的人工成本是泰国的 5. 5 倍。考虑到中国与越南和泰国水稻单产存在差异，我们进一步将每公顷水稻的生产成本换算为每吨水稻的成本，计算结果显示中国每吨水稻的生产成本分别比越南和

① 越南的数据来自 Ngoc Luan Nguyen 2013 年 3 月在 South－East Asian Agri－benchmark Rice Network 会议上的报告（http：//www. agribenchmark. org/cash－crop/sector－country－farm－information/rice－initiative. html）。

② 泰国的数据来自 Supisra Arayaphong. Cost－Benefit Analysis of Different Rice Cropping Systems in Thailand ［D］. Master's Thesis，Uppsala University，2012.

③ 美国数据来自美国农业部，http：//www. ers. usda. gov/data－products/commodity－costs－and－returns. aspx.

④ 此处是家庭用工和土地的机会总成本，并没有分别统计。

泰国高出61%和88%，人工成本和土地成本较高是我国水稻缺乏竞争力的主要原因。

在农村劳动力市场和土地市场逐步完善的中国，自家用工和土地的机会成本不断攀升，并且占水稻生产成本的62%，而这两项成本在美国2014年水稻生产成本中大约占21%。因此，推进我国农业现代化进程，提高水稻竞争力的关键是降低人工成本和土地成本。上一部分结果表明随着经营规模的扩大，农户将使用机械替代劳动，并且每单位水稻的机械和人工的总成本呈现下降趋势。根据本书微观农户面积加权平均的成本数据显示，人工成本仅为全国平均水平的36%，每吨水稻的总成本下降到353.4美元，分别比越南和泰国高28%和66%。虽然我国水稻生产成本比越南和泰国高出60%以上，但是我国针对水稻、小麦和玉米等粮食产品实施了"配额+配额外征收65%"的关税政策，如果考虑到运输成本，在532万吨配额内我国水稻可能没有竞争力，但是当超过532万吨后，如果维持我国水稻生产成本，征收65%的关税基本可以阻挡两国稻米的进入。

对于小麦而言，如表5-12所示，从亩均生产总成本来看，2013年中国小麦亩均成本比美国高187%，比欧盟国家高33%，中国小麦不具有国际竞争力。从具体成本结构来看，物质与服务费用、人工成本和土地成本三项成本大类均高于美国和欧盟国家。我国小麦生产的人工成本较美国和欧盟国家高出的幅度最大，人工成本比美国高1621%，比欧盟高195%，人工成本较高是我国小麦缺乏国际竞争力的主要劣势所在。进一步从家庭用工和雇工来看，我国小麦家庭用工成本和雇工成本均高于美国，但是我国小麦生产的雇工成本低于欧盟国家66%，但是家庭用工比欧盟高289%，这在一定程度上可以说明我国小麦经营还是以家庭劳动力为主。此外，土地成本比美国和欧盟国家平均高出137%和179%。我国小麦生产的物质与服务费用比美国高212%，比欧盟国家高6.7%，我国小麦生产的种子费、化肥费、农药费和机械作业费均高于美国，但是我国小麦生产的农药费比欧盟国家低73%。由于没有进一步的数据，我们无法分析我国与欧盟国家农药费的差异是由于农药价格的差异还是用量差异造成的。

表5-12 主要国家小麦生产成本结构 单位：元/亩

	样本数据（2013年）	样本数据（2014年）	中国	美国	欧盟
总成本	765.49	937.45	914.71	318.36	690.08
物质与服务费用	405.68	416.61	407.31	130.69	381.65
种子费	66.77	74.76	59.51	16.39	39
化肥费	148.08	133.99	170.21	47.09	95.41
农药费	27.47	31.88	17.13	14.51	63.61
机械作业费	119.27	131.07	122.69	10.8	36.3
人工成本	254.43	276.21	343.78	19.97	116.41
家庭用工	245.57	264.27	333.54	17.74	85.81
雇工	8.86	11.94	10.24	2.2	30.6
土地成本	172.34	206.48	153.85	64.99	55.21
产量（公斤/亩）	377.48	426.52	374.88	173.97	373.02
产品成本（元/公斤）	2.09	2.23	2.44	1.83	1.85

注：①人民币/美元比值以中国银行公布的2013年年均汇率6.1932折算；人民币/欧元比值以中国银行公布的2012年年均汇率8.1067折算。②该表格中使用的欧盟数据是2012年的数据。根据笔者的阐述，可能对跨国别比较有两方面的影响：一方面是成本要素价格上涨可能导致欧盟的小麦生产成本被低估，根据以往历史数据分析，欧盟和美国等农产品成本的上涨率一般在5%以内；另一方面是人民币对欧元的比值上升，2013年较2012年上升了1.42%，这一因素可能导致对欧盟小麦生产成本的高估。不过这两种影响的作用相反，大致可以相抵消，使得2012年的数据相对具有可比性。

资料来源：农业部贸易促进中心2015年《中国农产品贸易发展报告》。本书在此处直接引用了这个数据，因为不同国家的统计口径存在较大差异，具体折算方式请参考报告的具体内容。

基于以上水稻产业的分析结果，本书有三点政策启示：一是相关部门应该关注水稻经营主体结构变化对水稻生产成本的影响。随着我国水稻经营主体结构的变化，适度规模经营主体数量不断增加，水稻成本将有所下降，这为我国调整水稻最低收购价格提供了条件。自2004年我国实施最低收购价格以来，水稻最低收购价由0.7元/斤涨到了1.55元/斤，但是，在国际大宗商品价格下跌、我国经济进入新常态的背景下，各项成本上涨速度将会减缓，加之规模扩大带来的规模经济效应，为我国调整最低收购价格创造了空间。二是我国应该进一步推进适度规模经营，大力发展农机社会化服务，提高水稻生产各环节机械对劳动的替代，降低粮食生产成本。三是充分利用成本结构差异，提升我国水稻生产竞争力。庞守林等（2005）指出在中国粮食单位成本低于美国的情况下，美国利用其农业补贴政策和边际贡献值较高的优势①，将粮食价格降到单位总成本和可变成本之间，以牺牲价格换取市场份额。随着近几年我国农业固定资产投入的增加以及适度规模经营的推进，成本结构将趋于合理化，可以充分利用中国相对于越南、泰国和巴基斯坦等主要竞争对手的成本结构优势，提高竞争力。但由于缺乏相关数据，本书并未对此做具体分析，可作为下一步研究的方向。

但是，对于小麦而言，我国与主要进口来源国美国的成本差异较大，在国际市场中无法与之抗衡。另外，通过不同规模农户小麦生产成本的比较，我们并没有发现可以通过规模化降低小麦生产成本，即江苏地区小麦生产过程中并不存在规模经济的现象，造成这种现象的主要原因是当规模超过30亩时，小麦单产水平呈现快速下降趋势，如果经营规模扩大，且小麦单产水平能维持在30亩以下的水平，那么，经营规模扩大基本上可以保持单位产品成本不上升。

5.5 本章小结

本章使用江苏省粮食种植户微观数据对经营规模与水稻和小麦生产成本及其结构关系进行分析。研究结果显示，对于水稻而言，由于官方数据低估了家庭用工工价和自营地租金，随着规模的扩大，水稻种植户平均单位成本并未下降。但是，经过市场雇工工价和流转地租金矫正以后，水稻平均单位成本与规模之间呈现“U”型关系，即随着规模的扩大，农户的单位水稻成本呈现下降趋势，但当规模超过200亩时成本开始上升。我国水稻生产成本较高与农户不合理使用投入要素有关，本章进一步比较了化肥、机械、土地和人工等要素边际产品价值与要素购买价格的关系，结果表明化肥和人工两种要素存在过度投入现象，但随着规

① 边际贡献值是价格与可变成本的差值，当差值越高时，表明边际贡献越高，超过盈亏平衡点之后的利润空间相对较大。

模的扩大，人工要素过度投入现象有所缓解，但化肥过度投入现象并未缓解。

此外，对于小麦而言，无论是官方数据还是使用雇工工价和流转地租金折算的单位小麦生产成本均没有随着规模的变化呈现显著下降趋势。根据以上研究结论，本书提出了相关政策启示。

由于经营规模结构变化对我国水稻生产成本的影响较大，因此，我们将进一步将水稻生产成本进行分解，分析其与经营规模之间的关系，为提升水稻产业竞争力，完善相关政策措施提供参考。但是，我国小麦生产成本与主要国家差距较大，并且生产过程中并不存在规模经营，因此，本书下面实证部分不再对其进行分析。

第6章　经营规模与水稻生产成本分解：前沿成本与效率损失成本

在农业经济学领域，由于结构变化可能显著影响农产品的生产成本和国际竞争力，并决定生产者能否在完全竞争的市场上存活，因此，发达国家非常重视农户经营规模结构变化的经济影响以及对应的政策启示。第5章分析了江苏省水稻和小麦种植户生产成本结构与经营规模之间的关系，并且把我国水稻和小麦生产成本结构与主要竞争对手生产成本结构进行比较。此外，通过比较各生产要素边际产品价值和要素价格，初步认为我国水稻种植户生产成本较高可能与要素扭曲配置有关，并且，随着规模的扩大，人工要素扭曲配置的现象将有所改善。

该结果表明，我们所观测到的投入要素使用状况可能是农户在技术无效和配置无效的状况下所作出的决策，那么，农户实际的要素投入量与最优投入量之间可能存在较大差距，从而造成农户生产成本中包含了效率损失成本。从该角度来看，我们还可以将生产成本分解为前沿成本和效率损失成本来进一步考察经营规模与其关系，并且从该角度为厘清水稻种植户效率损失的来源以及与规模的关系提供更有力的政策启示。前沿成本是指生产者能否达到的最优前沿面的成本，前沿成本反映的是一个生产者可能达到的最小成本，要素扭曲配置将导致配置效率损失成本，技术效率损失将导致技术效率损失成本。在生产实践过程中，实际生产成本可能由于生产者没有有效使用给定的技术或者有效配置资源，造成效率损失从而超过前沿成本，效率损失成本可以进一步分解为技术效率损失成本和配置效率损失成本。本章将水稻生产成本分解为前沿成本、技术效率损失成本和配置效率损失成本，分析这三类成本与经营规模的关系，从而为提升我国水稻国际竞争力提供政策参考。

6.1 实证模型与变量描述

6.1.1 原始系统法

原始系统法（Schmidt and Lovell，1979；Kumbhakar and Wang，2006）和成本系统法（Kumbhakar，1997；Fan，2000；Maietta，2000；Kumbhakar and Tsionas，2005；Mosheim and Lovell，2009）均被广泛用来将生产成本分解为技术效率损失成本和配置效率损失成本。尽管包含成本函数和成本份额方程的成本系统法在估算效率时更加流行，但是该方法有三个主要的问题（Kumbhakar and Wang，2006）：第一，从理论上讲，在配置非效率参数和成本份额方程之间建立一致性关系是非常困难的，这个问题被称为 Greene 问题（Kumbhakar and Wang，2006）；第二，由于生产函数中的误差项并不一定能够通过线性转化到成本函数中，因此，合理解释成本函数和成本份额方程中的误差项是非常困难的；第三，在假设技术效率损失和配置效率损失是随机分布的情况下，成本系统方程非常难以估计。

为了避免以上提及的三个问题，本书将使用 Schmidt 和 Lovell（1979）提出的原始系统法，Kumbhakar 和 Wang（2006）对该方法进行了扩展。原始系统法包含生产函数以及成本最小化的一阶条件，并且对于对偶的生产函数（比如 C－D 生产函数），该原始系统法与成本系统法是完全等价的（Kumbhakar and Wang，2006）。尽管超越对数生产函数形式非常灵活，其二阶形式可以接近于任何形式的函数，并且允许规模报酬以及替代弹性可变（Xiao et al.，2012；Zhou et al.，2015），但是该函数形式无法推导出包含技术效率损失参数和配置效率损失参数的要素需求方程的解析式。然而这个解析式对于进一步计算技术效率损失成本和配置效率损失成本非常重要（Kumbhakar and Wang，2006）。尽管 Kumbhaker 和 Wang（2006）尝试分别用 C－D 生产函数和超越对数生产函数对美国发电厂的成本进行分解，并且认为使用超越对数生产函数可以获得更高的配置效率损失成本

(其他结果基本一致)，但是他们也强调超越对数生产函数由于无法推导不同效率损失水平下要素需求量的解析式，从而其结果并不精确。因此，综合考虑各种情况，本章将选择柯布—道格拉斯生产函数（C－D生产函数）形式的原始系统法进行实证分析。原始系统法主要分为以下三个步骤：

第一步，C－D生产函数和成本最小化的一阶条件被用来推导技术效率损失参数和配置效率损失参数，C－D生产函数如下：

$$\ln y = a_0 + \sum_j a_j \ln x_j + v - u \tag{6-1}$$

成本最小化的一阶条件如下：

$$\frac{f_j}{f_1} = \frac{w_j}{w_1}e^{\xi_j} \Rightarrow \frac{\partial \ln y}{\partial \ln x_j} \div \frac{\partial \ln y}{\partial \ln x_1} \equiv \frac{s_j}{s_1} = \frac{w_j x_j}{w_1 x_1}e^{\xi_j} = \frac{a_j}{a_1} \tag{6-2a}$$

对式（6－2a）取对数形式，结果如下：

$$\ln(a_j/a_1) - \ln(w_j/w_1) - \ln x_j + \ln x_1 = \xi_j \tag{6-2b}$$

式中，y表示产量，x_j（j＝1，2，3，4，5）是投入要素向量，包括化肥、劳动、土地、机械投入数量以及其他中间投入成本（Ji，Yu and Zhong，2012）。a_j是待估计的技术参数向量，v表示农户无法控制的因素造成的随机误差，独立同分布，服从N（0，σ_v^2）。u表示生产技术效率损失，是非负的随机误差项，独立同分布且服从N^+（0，σ_u^2）。w_j表示投入要素j的价格。f_j表示生产函数对要素j的一阶偏导数。参数ξ_j可以解释为投入要素组合（j，1）的配置效率损失参数，其中x_1投入要素是参照要素。由于价格是线性齐次的，只能估计相对效率值，因此，为了计算配置效率损失值，必须选择一个投入要素作为参照要素。通常情况下，参照要素的选择是比较随意的。通过参数ξ_j的符号来识别投入要素j相对于投入参照要素x_1是过度使用还是未充分使用。比如，如果$\xi_j>0$，那么$w_j e^{\xi_j} > w_1$，投入要素x_j相对于参照要素x_1未充分使用。由于存在配置效率损失，边际技术替代率等于投入要素价格之比$w_j e^{\xi_j}/w_1$（Schmidt and Lovell，1979）。s_j是投入要素j的成本份额。此外，本书还需要推导存在技术效率和配置效率损失以及不存在技术效率和配置效率损失情况下的各个要素需求方程，进而计算要素过度使用或者未充分使用的程度。ξ_j与v和u相互独立，并且独立同分布，服从MVN（0，Σ）。

第二步，推导各投入要素需求方程的解析式，从而计算技术效率损失和配置效率损失成本在效率损失总成本中所扮演的角色。基于式（6－1）生产函数和（J－1）个成本最小化条件下推导的一阶方程，我们可以得到投入要素需求数量的解析式，以下为投入要素方程的对数形式：

$$\ln x_j = \beta_j + \frac{1}{r}\sum_{i=1}^{J} a_i \ln w_i - \ln w_j + \frac{1}{r}\ln y + \frac{1}{r}\sum_{i=2}^{J} a_i \xi_i - \xi_i - \frac{1}{r}(v-u)$$

$$j = 2,3,4 \tag{6-3}$$

$$\ln x_1 = \beta_1 + \frac{1}{r}\sum_{i=1}^{J} a_i \ln w_i - \ln w_1 + \frac{1}{r}\ln y + \frac{1}{r}\sum_{i=2}^{J} a_i \xi_i - \frac{1}{r}(v-u) \tag{6-4}$$

式中，$r = \sum_{i}^{J} a_i$ 表示规模报酬参数，$\beta_j = \ln a_j - \frac{1}{r}\left[a_0 + \sum_{i}^{J} a_i \ln a_i\right]$。各个要素的需求方程包含四个部分：①投入要素价格、产量以及规模报酬参数表示的方程。②配置效率损失参数构成的部分。我们可以看出，由于配置效率损失的存在，x_j 的实际需求量变化了 $[\ln x_j|_{\xi=\hat{\xi}}] - [\ln x_j|_{\xi=0}] = \frac{1}{r}\sum_{i=2}^{J} a_i \xi_i - \xi_i$ 个百分点，但是对于参照要素，变化百分比为 $\frac{1}{r}\sum_{i=2}^{J} a_i \xi_i$。③技术效率损失参数构成的部分。尽管技术效率损失可以通过投入导向和产出导向两种路径计算，但是这里对投入要素需求方程并没有影响。从这个角度来看，我们可以看出由于技术效率损失的存在，投入要素 x_j 的需求量增加了 $[\ln x_j|_{u=\hat{u}}] - [\ln x_j|_{u=0}] = \frac{u}{r}$。④包含 v 的部分。其他部分保持不变，规模报酬参数越大，四个部分的值越小。

第三步，计算技术效率损失和配置效率损失在效率损失总成本中所扮演的角色。根据以上的投入要素需求方程，对于投入要素 x_j，我们可以计算包含技术效率损失和配置效率损失的投入要素需求量 x_{jOI}；仅包含技术效率损失的投入要素需求量 x_{jTI}；仅包含配置效率损失的投入要素需求量 x_{jAI}。基于此，通过使用各种情况下的投入要素需求量与对应的要素价格相乘，我们可以计算各种情况下的成本 c_{OI}、c_{TI} 和 c_{AI}。

6.1.2 Tauer 和 Mishra 随机前沿成本函数法

除了上一部分的原始系统法，我们将采用 Tauer 和 Mishra（2006）随机前沿成本函数法计算初步结果。该计量模型源于随机前沿生产函数模型，随机前沿生产函数由 Aigner 等（1977）以及 Battese 和 Corra（1977）发展而来，他们将生产函数中传统的随机扰动项分解成衡量技术效率参数与衡量随机误差参数的差，并且使用极大似然估计方法进行求解。后来该原理又被用来估算随机前沿成本函数模型和随机前沿利润函数模型。标准的随机前沿成本函数模型如下：

$$C(y, w) = \min\{w^T x: f(x) \geqslant y\} \tag{6-5}$$

式中，w 为投入要素的价格，y 为产出水平，x 为投入要素的数量。成本函数表示在给定产出水平的情况下求解最小的投入组合，即求解最小成本。

为了计算不同规模农户的前沿成本和效率损失成本，本书采用 Tauer 和 Mishra（2006）的方法，对随机前沿成本函数模型进行修正，将成本函数以及效率参数均构建为土地规模的函数。与标准的随机前沿成本函数相比，使用地区虚拟变量来反映各地区农户投入要素价格的差异，但不足是无法识别同一农户不同投入要素价格之间的差异，这也是未来研究的方向；使用农户土地规模变量代替成本函数中农户产出变量，由于农户产出容易受到气候等随机因素的影响，从而与误差项相关，影响实证结果的可靠性。因此，改进的成本函数模型一大优势是使用外生的土地规模变量替代产出变量，此外，由于在该模型中，经营规模既是成本的函数又是效率参数的函数，可以通过一致性衡量指标来比较前沿成本和效率损失成本（Tauer and Mishra，2006），这是该模型的另一优势。本书的计量模型如下：

$$C_i = f(land_i) + \varepsilon_i \tag{6-6}$$

式中，C_i 表示第 i 个农户每 100 千克水稻的成本，$land_i$ 表示第 i 个水稻种植户的土地规模，$\varepsilon_i = v_i + u_i$ 分别表示第 i 个农户的随机误差参数和效率损失参数，其中，效率损失参数 u_i 进一步表示为式（6-7）：

$$u_i = g(land_i) \tag{6-7}$$

随机误差参数服从标准正态分布，即 $v_i \sim N(0, \sigma^2)$，效率损失参数服从半正态分布，即 $u_i \sim N^+(g(land_i), \sigma^2)$。

对于具体的函数形式，本书选择二次函数形和对数形，即：

$$f(land_i) = g(land_i) = \alpha_1 + \alpha_2 \times (land_i) + \alpha_3 \times (land_i)^2 \tag{6-8}$$

$$f(land_i) = g(land_i) = \beta_1 + \beta_2 \times \ln(land_i) \tag{6-9}$$

分别对式（6-8）和式（6-9）进行运算，借鉴 Tauer 和 Mishra（2006）的方法，选择（$\sigma_v^2+\sigma_u^2$）之和较小的模型作为最终的模型。

6.1.3 变量描述

本部分所使用的数据也是来自江苏省农产品成本收益调查数据库的微观农户数据，该数据是由江苏省物价局成本分局每年定期收集的数据。本章使用的数据收集于2014年，样本中共包含339个水稻种植户。我们将农场规模分为五个区间，从数量和经营规模来看，各规模区间呈现出不同的特征，总体来看，可以认为样本中，小规模农户仍然占据农业经营主体的大部分份额，但是，土地面积主要由面积较大的大规模农场在经营。

生产成本包含经济成本和会计成本两个概念。会计成本是直接的，并且容易记录，但是，经济成本包含了一些难以记录的机会成本。比如，农业经营主体本人以及其家人经常在水稻生产中使用家庭劳动力，尽管这些付出没有以现金的形式支付，但是这些成本应该包含在水稻生产成本中（MacDonald et al.，2007）。因此，在评估水稻生产成本时，非常有必要包含所有的成本。幸运的是，我们的样本数据具有独一无二的优势，因为样本中包含了计算经济成本的所有信息。该样本包含水稻每亩产量、产值，种子成本，化肥成本和数量，农药成本，机械费用，灌溉成本，雇工成本和数量，家庭用工数量，自营地以及流转地租金和面积。样本也记录了家庭用工的成本。一个中年劳动力每天工作8小时被当作一个标准的工日，用来记录家庭用工和雇工的数量。

表6-1描述了2014年水稻生产成本结构、每100千克水稻投入要素数量以及要素投入价格等数据的统计特征。每100千克水稻的化肥成本和机械成本分别从12.9元到51.8元以及6.04元到68.85元，平均值为27.3元和30.04元。江苏省水稻生产目前仍然依赖家庭用工以及自营地，家庭用工成本和自营地成本占人工成本和土地成本的主要部分。当考虑到要素价格时，我们发现一个有趣的现象，即雇工的平均价格大约是家庭用工折价的2倍。尽管家庭用工经营农业的机会成本相对较低，但是由于家庭用工和雇工数量均已经折算成标准的工日，因此，使用较低的家庭用工价格可能低估小规模农户的生产成本，因为，小规模农户主要依靠家庭劳动力经营水稻。李首涵等（2015）同样指出了这个问题，他们

通过计算比较工业部门和农业部分相关数据，得出令人惊讶的结论，即经营粮食的利润比其他工业部门还要高，他们认为低估家庭用工价格是主要原因。他们基于2009～2013年我国粮食生产成本数据，进一步分析发现雇工价格比家庭用工价格高41%（李首涵等，2015）。迅速发展的工业化和城镇化已经改变了我国农村劳动力无限供给的现状（Cai，2014），农村地区甚至已经出现后继无人的现象，在此情景下，使用雇工工价来代替家庭用工工价可能更加合适。

表6－1 水稻生产成本结构、要素投入价格和数量描述性统计结果

	平均值	标准差	最小值	最大值
每100千克水稻生产成本				
化肥成本（元）	27.3	6.2	12.9	51.8
机械费用（元）	30.04	9.58	6.04	68.85
雇工成本（元）	3.35	8.11	0	42.18
家庭用工折价（元）	80.11	36.02	0	215.52
流转地租金（元）	8.42	21.22	0	92.04
自营地折租（元）	28.87	14.23	0	62.40
投入要素价格				
化肥价格（元/千克）	4.66	0.41	3.88	6.42
雇工价格（元/天）	86.24	19.97	50	155.37
家庭用工价格（元/天）	42.99	6.77	31.5	65
流转地租金（元/亩）	320.09	48.04	152	523.7
自营地租金（元/亩）	195.54	52.41	120	325
每100千克水稻投入要素用量				
化肥用量（千克）	5.89	1.35	2.92	11.94
家庭用工（天）	0.96	0.42	0	2.21
雇工（天）	0.03	0.09	0	0.76

注：生产每100千克水稻所投入的化肥用量是氮磷钾等元素的折纯量，因为不同品牌的化肥所含有的有效元素不同，不同的农户可能购买不同的化肥品牌。因此，用化肥的折纯量来计算导致本书汇总的化肥用量相对较低，化肥价格相对较高。

同样的问题在自营地价格和流转地价格中也发现了。自营地的机会成本就是把土地流转出去的收入，因此，使用流转地价格来代替自营地价格更加合适。尽管生产函数中并不需要投入要素价格变量，但是在计算农户配置效率损失时需要这些信息。劳动、土地、机械和化肥是水稻生产的四个主要要素。因此，我们的生产函数中包含四个投入要素。机械投入数量通过使用机械费用除以 2014 年柴油价格得到。表 6 –2 描述了生产函数中各变量的统计特征。样本农户的平均产量为 13769. 2 千克。样本农户经营的最小规模为 1 亩，最大规模为 530 亩，平均规模为 23. 99 亩。样本农户平均用工量为 71. 43 天，平均化肥投入量为 792. 10 千克①。

表 6 –2　生产函数中各变量的描述性统计结果

变量	平均值	标准差	最小值	最大值
产量（千克）	13769. 2	35587. 36	500. 2	279749. 9
化肥投入量（千克）	792. 10	2187. 29	24. 15	21677
土地规模（亩）	23. 99	63. 73	1	530
用工量（天）	71. 43	146. 97	4. 95	1276. 8
机械用量*（千克）	603. 81	1727. 95	16. 33	14773. 87

注：* 因为机械投入量是用机械费用除以柴油价格计算而来，所以单位为千克。

6. 2　水稻随机前沿成本函数估计结果

该部分基于经市场价格调整后的成本数据进行实证分析。式（6 –8）和式（6 –9）的回归结果显示土地规模设置为二次函数形式求解出的随机误差项与效率损失项的平方和大于土地规模设置为对数形式求解出的结果，根据 Tauer 和 Mishra（2006）的建议，下面汇总的土地规模为对数形式的结果。

表 6 –3 分别汇总了使用最小二乘法和随机前沿法对改进的成本函数模型进

① 该处的化肥投入量是化肥的折纯量，因此，低于一般意义上的化肥投入量。

行回归的结果。最小二乘法的回归结果显示，规模变量的回归系数为负并且在1%置信水平上显著，表明随着规模的扩大，单位水稻成本呈现下降趋势，即中央政府推进适度规模经营有助于提升我国水稻的竞争力。最小二乘法的回归结果还显示，苏中地区和苏南地区水稻的生产成本没有显著差异，但苏北地区水稻生产成本显著低于苏南地区。

最小二乘法的回归结果符合我们的预期，但是无法将水稻生产成本分解为前沿成本和效率损失成本。在此基础上，本书进一步使用随机前沿法对改进的成本函数模型进行回归。表6－3的右侧汇总了随机前沿成本函数模型的回归结果，与最小二乘法回归结果不同的是，土地规模系数的符号为正并且在1%置信水平上显著，表明随着规模的扩大，单位水稻前沿成本呈现上升趋势，但效率损失参数的回归结果表明，随着规模的扩大，水稻种植户的效率损失呈现显著下降趋势。

表6－3 水稻成本函数回归结果

变量	最小二乘法		随机前沿成本函数模型	
	系数	标准误差	系数	标准误差
规模	－2.029***	0.798	3.388***	1.214
苏中地区	－4.307	3.015	－1.158	2.838
苏北地区	－8.008***	2.703	－4.107	2.799
常数项	202.191***	2.962	161.752***	4.473
效率损失项				
规模			－1.018***	0.246
常数项			7.869***	0.336
σ_u			23.759	
σ_v			9.190	
统计量	F＝3.73		Wald Chi^2＝24.67	
样本量	339		339	

注：***、**、*分别表示在1%、5%和10%置信水平上显著。

基于改进的随机前沿成本函数模型回归结果表明，水稻种植户的前沿成本和效率损失成本并未像理论预测那样随着规模的扩大呈现下降趋势，只有效率损失成本随着规模的扩大在下降，这与 Tauer 和 Mishra（2006）的研究结论一致：前沿成本随着规模的扩大而上升。既然前沿成本和效率损失成本呈现相反的变化趋势，那么，随着规模的扩大，两种成本的综合效果如何呢？我们将采用 Tauer 和 Mishra（2006）的方法做进一步分析。

对于规模与前沿成本的关系，我们通过表 6－3 右侧上半部分的回归结果可以直接计算，但是对于效率损失成本，由于其在随机前沿成本函数模型中服从半正态分布，均值并不是一个常数（Tauer and Mishra，2006），因此，无法直接通过效率参数的回归结果进行计算。Tauer 和 Mishra（2006）建议通过两个步骤进行计算，一是利用表 6－3 中改进的随机前沿成本函数模型回归结果计算各农户的效率损失值；二是利用效率损失值对土地规模进行加权回归，利用该结果进行效率损失成本的估算。表 6－4 下方“注”中显示了第二步回归所得到的方程。

利用前沿成本和效率损失成本的计算公式，我们将样本农户的规模分为 10 亩以下、10～30 亩、30～50 亩、50～100 亩、100～200 亩以及 200 亩以上[①]六个区间，分别利用规模区间的均值计算各区间农户前沿成本和效率损失成本。表 6－4 汇总了不同规模区间农户生产 100 千克水稻的前沿成本、效率损失成本、实际总成本以及由于规模差异造成的成本差异。从成本结构来看，前沿成本是水稻生产成本的主要构成部分，效率损失成本所占比重较低，并且随着规模的扩大，效率损失比重呈下降趋势。

从前沿成本来看，随着规模的扩大，前沿成本呈现上升趋势，当农户规模在 10 亩以下时，每 100 千克水稻的平均前沿成本为 167.205 元。相对于 10 亩以下农户，10～30 亩、30～50 亩、50～100 亩、100～200 亩以及 200 亩以上农户的前沿成本分别上升了 2.8%、4.2%、5.5%、6.9%和 7.9%，最大规模和最小规模区间的前沿成本之差为 13.254 元。正如分析框架部分描述的那样，可能由于我国农户固定资产投资比重较低并且随着农村社会化服务市场的形成与完善，农户通过购买社会化服务替代固定资产投资，导致规模扩大对固定资本投资分摊的效果并不显著，但高昂的土地交易费用使前沿成本不降反升。

从效率损失成本来看，随着规模的扩大，效率损失成本呈现下降趋势，这与

① 计算过程中取 250 亩计算前沿成本和效率损失成本。

大部分学者所得出的规模与效率呈现正相关的结论类似（Alvarez and Arias，2004；刘天军和蔡起华，2013），只是他们并没有计算效率提高对单位产品成本的影响。10 亩以下的农户生产 100 千克水稻的效率损失成本达到 29.547 元，占总成本的 15%，当规模增加到 200 亩以上时，生产 100 千克水稻的效率损失成本下降到 9.631 元，下降了 19.916 元，降幅达到 67%。随着规模的扩大，效率损失成本下降的幅度远远高于前沿成本的上升幅度。效率损失成本随规模下降可能得益于改善的地形条件和各环节专业化分工以及农户经营管理能力的提升。从两项成本加总得到的总成本来看，10 亩以下农户生产 100 千克水稻的总成本为 196.752 元，当规模增加到 200 亩以上时，总成本下降到 190.090 元，下降了 6.662 元，降幅为 3.4%。这与最小二乘法的实证结果保持一致，同样也符合我们的预期。

表 6-4　不同规模农户每 100 千克水稻总成本状况　　　　单位：元

规模	前沿成本	效率损失成本	实际总成本	由于规模造成的成本差异
<10 亩	167.205	29.547	196.752	6.662
10～30 亩	171.902	22.490	194.391	4.301
30～50 亩	174.250	18.961	193.211	3.121
50～100 亩	176.380	15.761	192.140	2.050
100～200 亩	178.728	12.232	190.960	0.870
>200 亩	180.459	9.631	190.090	0.000

注：总成本的效率损失成本为：$c_{eff} = 37.741 - 5.091 \times \ln(land_i)$。

为了从前沿成本和效率损失成本两条路径分析土地规模与水稻生产成本的关系，本部分借鉴了 Tauer 和 Mishra（2006）的成本函数改进模型，但是该模型的不足之处是没有包含农户使用不同生产要素价格的差异，从而可能导致结果的偏误，这也是下一步研究的方向。此外，土地细碎化也是农户土地规模的一个特征，即使规模相同的农户可能因为细碎化程度不同而导致每块土地面积的差异，但这不是本书研究的重点，本书的研究目的是比较不同规模区间农户单位产品的平均成本。

6.3 原始系统法成本分解结果

6.3.1 水稻生产函数估计结果

如第二部分所述，只有使用 C－D 生产函数才能推导出包含技术效率损失参数和配置效率损失参数的投入要素需求方程。表 6－5 汇总了生产函数的估计结果。估计结果显示，C－D 生产函数中所使用的各个变量是非常必要的，所有投入要素均在统计意义上显著。所有投入要素系数之和为规模报酬参数，计算结果为 1.002，在统计意义上与 1 没有显著差异，表明当前情况下样本农户规模报酬不变，不存在规模效率的损失，可以将农户的效率损失主要归因于技术效率损失和配置效率损失。σ_u^2 的估计结果是 σ_v^2 的 5 倍，意味着成本前沿的变化主要来自效率损失的贡献（Coelli，1995）。此外，模型没有效率损失的原假设也在统计意义上被拒绝。由于效率损失显著影响了农户的行为，因此，实用随机前沿生产函数是非常必要的。

表 6－5　生产函数参数估计结果

变量	系数	标准误差
化肥	0.069***	0.019
土地	0.854***	0.028
劳动	0.012**	0.006
机械	0.067***	0.013
常数项	5.970***	0.100
Sigma_ u^2	0.015	
Sigma_ v^2	0.003	
Log likelihood	410.38	

注：***、**、*分别表示在 1%、5% 和 10% 置信水平上显著。

6.3.2 水稻生产要素扭曲程度估算

本书中，配置效率损失参数是各个投入要素对于参照要素的相对扭曲概念，该参数是用来计算农户配置效率损失成本的，但是该参数的不足之处是无法识别各个要素的绝对扭曲程度。投入要素的边际产品价值（或称为影子价格）可以弥补配置效率参数的不足，识别各个要素的绝对扭曲程度。基于表 6－5 的回归结果、各投入要素的价格以及水稻的销售价格，表 6－6 汇总了各要素的边际产品价值和要素投入价格。

从平均值的角度来看，所有要素的边际产品价值均大于 0 并且与其价格在 1% 置信水平上存在显著的差异，意味着所有要素的使用状况均未达到最优的水平。化肥、劳动以及机械三个要素的边际产品价值均小于其要素价格，表明这三个要素均被过度使用。化肥过度使用可以解释为：我国人均耕地面积十分稀少（Christiaensen，2012；Fukase and Martin，2016），差不多是世界上最少的。尽管土地在实行家庭联产承包责任制时实施平均分配原则到承包农户时，成本相对是比较低的，但是，农户非常珍惜自己有限的土地，通过密集使用化肥等要素去克服土地资源稀缺的限制（Carter，2011），生产更多的农产品。

机械是一个资本密集型的投入要素，相关研究表明机械与劳动之间有很强的替代关系（Liu et al.，2014；Ji，Yu and Zhong，2012）。在农村劳动力从事非农产业工作机会不断增加、务农机会成本不断上升的背景下，我国从 2004 年开始实施农机购置补贴政策，投入巨额资金对农户购买农机具进行补贴，因此，近年来机械对劳动进行了大量替代。然而，计算结果表明机械和劳动一样，也存在过度投入的问题。Guan 等（2006）给出的解释是，为了保证及时收割，避免成熟的作物受到阴雨天气的负面影响，农户往往会投入过量的机械，尽快完成收割任务，这可能造成机械要素的过度投入。根据我国的具体情况，我们认为，由于我国地块规模普遍较小并且地形不规则，为了生产更多的水稻，有些不适合耕种的地方都被农户开采并进行种植，农户在使用机械进行耕种和收割不规则地形时可能需要更多的时间以及额外的动力，这可能造成机械的过度使用。此外，结合第 5 章 50 亩以下和 50 亩及以上两个样本的回归结果判断小规模农户地形不规则可能是我国机械过度使用的主要原因。与其他过度使用的要素不同，土地要素存在未充分利用的问题。估计结果显示，土地要素的边际产品价值为1502.51元/亩，显著高于流转土地的租金，这意味着增加土地面积可以获得额外的收益，但是人多地少的资源禀赋特征限制了农户扩张经营规模。与此同时，该结果也为我国鼓励扩大经营规模政策提供了实证支撑。

表6-6 各要素边际产品价值及其价格

	化肥	土地	劳动	机械
MPV（元/亩）	3.71	1502.51	19.88	5.86
标准误差	0.92	136.70	1.81	2.18
P值（原假设：MPV=0）	0.00	0.00	0.00	0.00
IFP（元/亩）	4.66	320.09	86.24	7.96
P值（原假设：MPV=要素价格）	0.00	0.00	0.00	0.00

注：MPV表示边际产品价值；IFP表示要素价格。要素价格是样本的简单平均价值。

基于各要素边际产品价值计算结果，我们可以通过与其对应的价格进行比较，从而识别各要素的实际扭曲程度。比较结果显示，化肥的扭曲程度是最低的。为了定量计算技术效率损失和配置效率损失的成本，我们需要通过成本最小化的一阶条件来计算配置效率损失参数。尽管选择哪个要素作为参照要素对最终配置效率损失参数计算没有影响（Kumbhakar and Wang，2006），但是当要进一步估算配置效率损失成本时选择合适的参照要素十分重要（Atkinson and Dorfman，2006）。因此，我们将尽最大努力选择合适的参照要素，降低最终计算结果的偏误。基于表6-6的计算结果，我们选择化肥作为参照要素，因为化肥的实际扭曲程度最低。为了计算配置效率损失的成本，我们计算土地、机械以及劳动相对于化肥要素的相对扭曲程度参数 ξ。技术效率参数可以直接利用生产函数估计结果计算得到。

表6-7显示了土地、劳动及机械相对于化肥的配置效率损失参数。所有农户土地要素配置效率损失参数值均为正数，均值为1.826，这意味着相对于化肥，土地要素未充分使用。劳动和机械要素的配置效率损失参数值为负，表明上述这些要素相对于化肥的投入结构超过了最小化农户生产成本的最优投入结构。因

此，劳动和机械要素均存在过度使用现象。此外，这些结果还意味着相对于土地和机械，劳动要素也存在过度使用现象。

表 6-7 土地、劳动、机械及其他中间投入要素相对于化肥配置效率损失参数

投入要素	平均值	标准差	最小值	最大值
ξ_{land}	1.826	0.263	1.016	2.735
ξ_{labor}	-2.871	0.504	-4.046	-1.034
$\xi_{machine}$	-0.116	0.429	-1.337	1.442

如实证模型部分所述，为了计算技术效率损失和配置效率损失的成本，我们需要通过式（6-3）和式（6-4）计算技术效率损失和配置效率损失对投入要素需求量的影响。

6.3.3 不同规模农户生产成本分解结果

基于技术效率损失和配置效率损失对各投入要素需求量的影响结果，我们可以最终计算技术效率损失成本和配置效率损失成本。表 6-8 显示了不同效率损失情况下生产每千克水稻的平均成本。同一规模区间内，通过采用 Hotelling's T^2 一般均值检验法，我们发现技术有效和配置有效情况下的前沿生产成本，技术效率损失成本以及配置效率损失成本均在 1% 置信水平上存在显著差异，此外，技术效率损失成本和配置效率损失成本在 1% 置信水平上显著不为零。以上两个结果暗示，如果不考虑技术效率损失成本和配置效率损失成本，我们将严重低估水稻的生产成本。

表 6-8 不同效率损失情况下生产每千克水稻的平均成本

成本	<10 亩	10~30 亩	30~50 亩	50~100 亩	100~200 亩	>200 亩	平均值
实际生产成本	2.324	2.186**	2.178	2.152	2.018*	2.11	2.283
前沿成本	1.187	1.117***	1.321***	1.391	1.381	1.449*	1.204
技术效率损失成本	0.05	0.041**	0.046	0.051	0.063	0.075	0.051
配置效率损失成本	1.087	1.028	0.811**	0.71	0.575*	0.586	1.028

续表

成本	<10 亩	10~30 亩	30~50 亩	50~100 亩	100~200 亩	>200 亩	平均值
效率损失成本占总成本之比	46.8	47.0	37.2	33.0	28.5	27.8	45.0
技术效率损失占效率损失成本之比	4.7	4	5.8	7.3	10.2	11.9	7.3
配置效率损失占效率损失成本之比	95.3	96	94.2	92.7	89.8	88.1	92.7

注：显著性水平表示后一规模区间相对于前一规模区间的差异显著性水平，小于 10 亩以下的区间是最小区间，所以没有显著性水平。***、**、*分别表示在 1%、5%和 10%置信水平上显著。

表 6－8 描述了不同规模区间各项生产成本的均值以及各区间成本差异的显著程度。就技术有效和配置有效情况下的前沿成本而言，10～30 亩的农户水稻平均前沿成本显著低于 10 亩以下的农户，但差异程度相对较小。然而，30～50 亩的农户的前沿成本高于 10～30 亩的农户，并且随着规模的进一步增大，前沿成本呈现微弱的上升趋势，但各区间差异在统计意义上并不显著。该结果表明对于样本农户，不同规模区间段，既存在规模经济也存在规模不经济的现象。平均前沿生产成本刚开始随着规模的增加而下降，但是当规模超过 30 亩时，前沿成本开始呈现上升趋势。尽管使用 C－D 生产函数已经暗示农户规模报酬不变，但是我们并不能否认规模经济的存在。因为规模报酬和规模经济是两个不同的概念。规模报酬是一个技术概念，它描述的是投入要素数量和产量之间的关系，而规模经济是一个经济概念，描述的是生产成本和经营规模之间的关系（Rasmussen，2012）。本部分研究结果显示，当规模超过 30 亩时，出现规模不经济的现象，可能的原因是大规模农户生产每千克水稻的土地成本更高。因为，随着经营规模的增加，大规模农户需要与更多的农户进行流转土地的谈判，交易成本升高，此外，为了将自己流转的土地尽量集中在一起，便于机械化操作，大规模农户需要与更多的小农户进行额外的协商与妥协，因此可能需要支付更高的单位土地租金。

值得一提的是，我们不能将技术有效和配置有效的前沿生产成本与农户实际生产成本混淆。表 6－8 也汇总了技术效率损失和配置效率损失的成本。技术效率损失成本随着农户经营规模的增大首先表现出下降趋势，当经营规模超过 30 亩时，技术效率损失成本又呈现上升趋势，该趋势与前沿生产成本趋势一致。与此相反的是，配置效率损失成本一直呈现下降趋势。首先，10～30 亩农户的配置效率损失成本低于 10 亩以下农户，但在统计意义上并不显著。之后，随着规模的增加，配置效率损失成本呈现显著的下降趋势，并且在 5% 的置信水平上显著。其次，当经营规模从 50～100 亩增加到 100～200 亩时，配置效率损失成本又表现出显著的下降趋势。此外，农户的实际生产成本表现出一直的下降趋势，尽管有些规模区间下降并没有在统计意义上显著，该结果与李文明等（2015）的结论一致。从以上结果可以看出，农户的实际生产成本并没有像前沿成本那样表现出上升趋势，这可能是因为大规模农户较低的配置效率损失成本弥补了前沿生产成本上升的幅度。此外，效率损失总成本占实际生产成本的 45%，低于 Maietta（2000）对意大利畜禽养殖业分析的 69% 的结果，同时也低于 Mosheim 和 Lovell（2009）对美国畜禽养殖业分析的 60% 的结果。从不同规模分布来看，大规模农户效率损失成本占比相对较低，当规模超过 100 亩时，效率损失成本的比重大约为 28%。在效率损失总成本中，配置效率损失成本份额均值高达 92.7%，但该份额随着规模的增大呈现显著下降趋势。

由于表 6－8 中各项成本与规模之间呈现的并不是线性关系，而是非线性关系。因此，我们将使用 Tian 和 Yu（2015）介绍的半参数方法直观描绘各项成本与规模之间的关系，如图 6－1 所示。

如果大规模农户相对于小规模农户具有成本优势，那么，水稻生产结构由小规模经营向大规模经营的变化过程将降低我国水稻总体生产的平均成本。表 6－8 可以进一步计算具体下降的效应。在考虑技术无效和配置无效的情况下，每千克水稻的实际生产成本由最小规模区间的 2.324 元下降到最大规模区间的 2.11 元，平均生产成本为 2.283 元。然而，当使用各区间总调研面积作为权重时，每千克水稻的平均加权生产成本仅为 2.122 元，下降了 7%。该结果表明，随着大规模农户数量的增加，这种结构变化将提高我国水稻的国际竞争力。

然而，2014 年我国粳稻的最低收购价格为 3.1 元/千克，高于所有规模区间农户的实际生产成本，这意味着无论哪个规模区间，无论是技术和配置有效还是无效，在 3.1 元/千克的最低收购价格政策支持下，农户都可以存活下来，获得

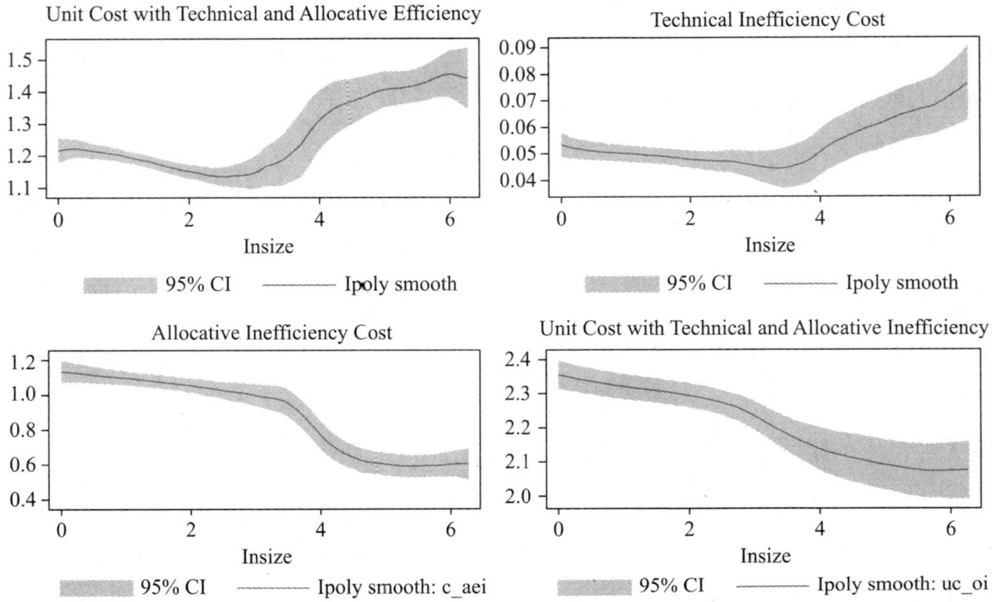

图 6－1　各项成本与农户经营规模的局部多项平滑图

一定水平的收入。因此，最低收购价格政策的实施确实起到了激励农户生产水稻并且增加农民收入的政策目标。但是，值得一提的是，最低收购价格政策是一项非常不公平的政策，根据以上分析结果表明，该最低收购价格对大规模农户更有利，因为大规模农户相对于小规模农户不仅具有较低的生产成本，而且他们的产量也比较高，因此，最低收购价格政策对小规模农户的增收作用是非常小的，而大规模农户在最低收购价格政策支持下收益颇丰，一些经营大户的收入完全可以达到与二、三产业收入相等的目标。但是，近年来随着经营规模户数量的增长，也出现了一些问题。一方面，水稻生产容易受到自然灾害的影响，江苏地区2015年秋收季节一直连绵阴雨，导致水稻不能及时收割，同时，由于相关配套的烘干设备不足，经营大户新收的水稻由于水分较高容易受到收购商的压价；另一方面，在中央政府适当保持最低收购价格不变或者调低的预期中，对水稻市场价格造成了巨大的影响，出于对市场价格下跌的预期，加上国家库存量年年增长的尴尬处境，很多收购商在秋收季节并不愿意收购，这就导致河南、安徽等地区“卖粮难”、“排队卖粮”等问题[①]。

从表6－8中我们可以看出，配置效率损失成本在效率损失成本中占92.7%，并且是大规模农户获得成本优势的主要来源。那么，如果消除配置效率损失，使各个农户要素配置达到最优水平，各个投入要素将如何变化呢？在效率损失成本中占的份额为多少呢？从以上的实证结果我们可以看出，化肥、劳动和机械三个要素投入已经超过去最优投入规模，均存在过量投入的问题，即在当前情况下继续增加化肥、劳动和机械等要素投入所获得的收益已经无法弥补其付出的成本。与以上三个要素不同的是土地要素没有充分利用。

与没有配置效率损失的情况下相比，化肥、劳动和机械的投入量将会减少，因此单位产品成本中这些要素的成本也将降低，而土地要素投入将会增加，因此，单位产品成本中土地成本也将增加。表6－9汇总了在各个要素达到最优配置情况下，相对于当前情况，化肥、人工、机械和土地要素成本的变动幅度。其中，劳动成本下降幅度最大，均值为34%，该结果意味着在各个要素达到最优配置情况下，劳动成本下降幅度就达到每千克水稻生产成本的34%。与此相似的是，在各个要素达到最优配置情况下，化肥和机械两个要素成本相对于每千克水稻生产成本将分别下降8.8%和10.1%。此外，由于土地要素存在利用不足的情况，在各个要素达到最优配置情况下，会增加土地要素投入，因此，土地成本的增加将导致每千克水稻的生产总成本上升7.9%。但是，总体来看，表6－8和表6－9的结果显示，消除配置效率损失，使化肥、人工、机械和土地要素达到最优配置水平时，单位水稻的总体生产成本将会下降45%[②]。

但是，这里我们需要强调的是要素的优化配置不是单个要素的投入的调整，而是所有要素投入量的同时调整，以至于达到一个最优的投入比例。然而，在实际生产过程中有些要素投入的调整面临一定的约束，并不能按照理想状态进行调整，例如土地要素，由于土地资源相对稀缺，供给具有刚性，不可能所有的农户

① 具体新闻见如下链接：河南等省排队卖粮常态化，国家粮食局详解卖粮难［EB/OL］. http：//blog.sina. com. cn/s/blog_ 13b722f4c0102x3yc. html；排队卖粮现象屡见不鲜，安徽多措并举化解卖粮难［EB/OL］. http：//ah. anhuinews. com/system/2015/11/16/007084990. shtml.

② 该结果显示，在最优要素投入结构中，土地要素投入量将会增加，那么，在保持产出水平不变的情况下，这将意味着单产水平的下降，也就是说在要素最优配置水平下，单位产品成本降低，但是单产水平也将降低。

都增加土地要素的投入；物质与服务费用的替代也是有边界的，并且要素优化配置过程中，市场摩擦成本可能远高于理论假设。此外，本书由于样本量以及估计技术方面的限制，假设不同规模农户技术水平相同，这可能将不同规模农户技术进步对降低成本的贡献可能也归结为效率损失成本下降的效果。因此，综合考虑以上情况，本书可能大大高估了通过消除效率损失尤其是配置效率损失来降低水稻生产成本的潜力，即由于现实情况的约束，即使各个投入要素达到最优配置，可能生产成本的下降幅度也没有这么大。

表 6-9 配置效率损失成本构成

要素扭曲成本	<10 亩	10~30 亩	30~50 亩	50~100 亩	100~200 亩	>200 亩	平均值
化肥扭曲配置成本	0.202 (8.7)	0.233 (10.7)	0.188 (8.6)	0.183 (8.5)	0.163 (8.1)	0.179 (8.5)	0.201 (8.8)
土地扭曲配置成本	-0.179 (-7.7)	-0.172 (-7.9)	-0.187 (-8.6)	-0.194 (-9.0)	-0.188 (-9.3)	-0.192 (-9.1)	-0.179 (-7.9)
劳动扭曲配置成本	0.836 (36.0)	0.773 (35.4)	0.563 (25.8)	0.444 (20.6)	0.325 (16.1)	0.329 (15.6)	0.776 (34.0)
机械扭曲配置成本	0.228 (9.8)	0.195 (8.9)	0.247 (11.3)	0.277 (12.9)	0.275 (13.6)	0.269 (12.8)	0.230 (10.1)
总配置扭曲成本	1.087 (46.8)	1.028 (47.0)	0.811 (37.2)	0.710 (33.0)	0.575 (28.5)	0.586 (27.8)	1.028 (45.0)

注：括号中的数字为各投入要素扭曲配置成本在实际成本中的比重。

6.4 本章小结

本章主要回答以下三个问题：第一，效率损失成本在农户水稻生产成本结构中到底扮演何种角色？第二，效率损失成本随着经营规模的变化呈现何种趋势？第三，技术效率损失和配置效率损失在不同规模区间农户效率损失成本中扮演何种角色？本章首先使用随机前沿成本函数法简要分析前沿成本和效率损失成本随着规模的变化呈现出的变化趋势。随机前沿成本函数模型的实证结果显示，随机前沿成本函数模型存在诸多制约因素。其次，本章着重利用原始系统法对以上问题进行回答。原始系统法实证结果显示，生产每千克水稻，平均前沿成本随着规模的变化经历先下降后上升的趋势。从前沿成本角度来看，大规模农户相对于小规模农户并不具有成本优势。但是，当考虑技术效率损失和配置效率损失时，随着规模的增加，每千克水稻的实际生产成本呈现下降趋势。

实证结果表明，随着大规模经营主体比重的增加，我国水稻生产的国际竞争力将进一步提升。但是，中央政府制定的最低收购价格政策高于农户实际生产成本，虽然能够保证农户在市场中生存，但是阻碍了竞争力的提升。因此，我国水稻最低收购价格政策必须根据经营规模结构的变化及时调整，释放竞争力。然而，需要强调的是，由于土地要素供给的刚性，要素之间替代存在边界，并且市场摩擦成本可能远高于理论假设，此外，由于我们假设不同规模农户技术水平相同，技术进步对降低成本的贡献可能也归结为效率损失成本降低的效果，因此，本书的研究可能大大高估了效率损失成本在生产总成本中的比重，即使要素能够达到最优配置水平，可能实际生产成本下降幅度也没有那么大。

第7章　经营规模与效率水平不匹配对水稻生产成本的影响

第6章我们将水稻的生产成本分解为前沿成本、技术效率损失成本和配置效率损失成本。平均前沿成本随着规模的变化经历先下降后上升的趋势，效率损失成本随着规模的增加而下降，总体来看，大规模农户对应着较低的效率损失成本。

降低水稻生产成本、提高水稻生产的竞争力不仅仅需要扩大规模，还需要与之相匹配的基础设施、成熟的要素市场以及完善的农民培训与社会化服务体系。效率水平在一定程度上能够反映农户所面临的这些经营环境状况。但是，由于我国现阶段农民培训和农技推广体系以及要素市场化改革等没有相应跟进，由小规模农户迅速扩张而成的适度规模农户可能仍然遵循着从事小规模生产的理念与方式，面对的经营环境也可能没有及时改变。一方面，他们可能仍然按照以往生产经验过量投入资本、化肥、农药以及劳动等要素，资源配置效率低下；另一方面，他们对新技术、新设备的接受能力有限，加之相关配套基础设施建设不完善，技术效率变化不大。小规模农户短期内数倍扩张经营规模可能导致其效率水平与其经营规模并不匹配，从而无法实现降低成本、提升竞争力的目标。因此，本章将分析农户在保持效率损失水平不变的情况下扩大经营规模对生产成本的影响，从而对该假说进行验证。

7.1　实证模型与数据来源

7.1.1　经营规模与效率水平不匹配对生产成本影响的实证模型

为了分析经营规模与效率水平不匹配对生产成本的影响，我们借鉴并改进 Alvarez 和 Arias（2003）的理论模型，假设在成本函数中农户的效率水平保持不变，分析规模增加对成本的影响，定义成本函数如式（7－1）所示：

$$C = C(y, e) \tag{7-1}$$

式中，C 表示总成本，y 表示产出水平，e 表示农户效率水平，且始终保持不变。这里的效率水平既包括技术效率，也包括配置效率。不同农户间投入要素相对价格差异由配置效率识别。因此，成本函数具有以下属性：

$$(a)\frac{\partial C(y, e)}{\partial y} > 0 \quad (b)\frac{\partial^2 C(y, e)}{\partial y^2} > 0$$

$$(c)\frac{\partial C(y, e)}{\partial y} < 0 \quad (d)\frac{\partial^2 C(y, e)}{\partial y \partial e} < 0 \tag{7-2}$$

其中，保持效率水平不变，式（a）表示边际成本为正，式（b）表示边际成本随着产出水平的增加而增加。式（c）和式（d）表示在产出水平不变的情况下，成本和边际成本随着效率水平的提升而下降。在完全竞争的市场条件下，农户利润最大化的条件是边际成本等于产品价格 P，即：

$$P = \frac{\partial C(y, e)}{\partial y} \tag{7-3}$$

对式（7－3）进行全微分可以得到下式：

$$dP = \frac{\partial^2 C(y, e)}{\partial y^2}dy + \frac{\partial^2 C(y, e)}{\partial y \partial e}de \tag{7-4}$$

由于是完全竞争市场，农户是价格的接受者，面对同样的价格，因此可以进一步得到下式：

$$0 = \frac{\partial^2 C(y, e)}{\partial y^2}\frac{\partial y}{\partial e} + \frac{\partial^2 C(y, e)}{\partial y \partial e} \tag{7-5}$$

进一步对式（7-5）进行整理，并且根据式（7-2）的结果可得：

$$\frac{\partial y}{\partial e} = -\frac{\dfrac{\partial^2 C(y,\ e)}{\partial y \partial e}}{\dfrac{\partial^2 C(y,\ e)}{\partial y^2}} > 0 \tag{7-6}$$

从式（7-6）可以看出，在投入要素价格不变的条件下，农户效率水平越高产出水平将越高，即单位产品平均成本越低。

针对以上结果，本书设计如下计量模型进行实证分析。该模型分为两个步骤：第一步，基于平衡面板数据样本，选择最早一期数据，计算农户的技术效率、配置效率与成本效率；第二步，对第一步计算的三项效率水平进行排序，以排序作为效率值的工具变量。因为效率水平可能与农户耕地规模和产出水平相关，如果直接用效率值作为解释变量，模型可能存在内生性问题，导致估计结果有偏。因此，本书使用效率值的排序作为工具变量估计以下实证模型：

$$\ln AC_{it} = a_0 + t + a_s \ln s_{it} + 0.5a_{ss}(\ln s_{it})^2 + a_{se}\ln s_{it}\ln e_i + a_e \ln e_i + 0.5a_{ee}(\ln e_i)^2 + \varepsilon_{it} \tag{7-7}$$

式中，i 表示农户编号，t 表示时间，AC_{it}表示第 i 个农户在第 t 期的单位产品平均成本，s_{it}表示第 i 个农户在第 t 期的种植规模，e_i 表示第 i 个农户在短期内不随时间变化的效率水平，ε_{it}表示随机扰动项。

由式（7-8）可以得到规模对成本的弹性：

$$\zeta_s = \frac{\partial \ln AC}{\partial \ln s} = a_s + a_{ss}\ln s + a_{se}\ln e \tag{7-8}$$

可以通过观察式（7-8）中 a_{se}的参数判断经营规模与效率水平不匹配对农户生产成本的影响。如果 a_{se}参数为负，表明效率水平越高，平均成本曲线的斜率值越小。图 7-1 分别表示效率水平为 e0 和 e1（e0 < e1）时农户平均成本与规模之间的关系。如果式（7-8）中的弹性值为负，即平均成本随着规模的扩大而下降，那么，效率水平越高时，平均成本下降得越快；如果式（7-8）中的弹性值为正，即平均成本随着规模的扩大而增加，那么，效率水平越高时，平均成本上升得越慢。因此，分析经营规模与效率水平不匹配对农户生产成本的影响转化为比较农户在相对较高或者相对较低效率水平下扩大经营规模对生产成本的影响，即通过估计式（7-7），并且观察 a_{se}系数的符号及显著性来判断。如果 a_{se}

系数显著为负，则表明农户以较低的效率水平扩大经营规模将导致生产成本优势难以发挥。

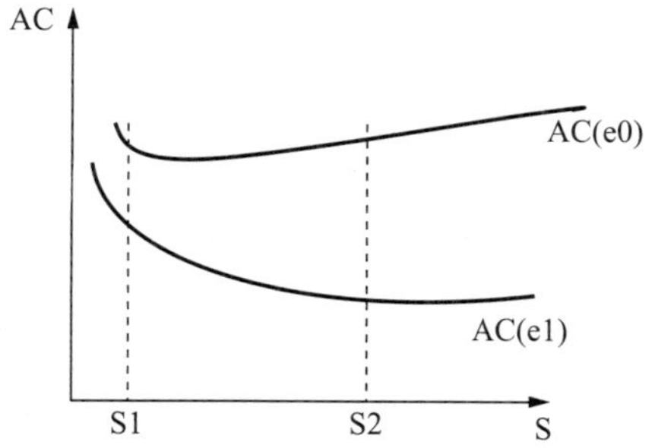

图 7－1　经营规模与效率损失水平不匹配对成本的影响

7.1.2　效率损失水平的计算方法

对以上实证模型进行估计，需要计算农户的技术效率、配置效率以及成本效率。尽管 Alvarez 和 Arias（2003）聚焦于估算农户的技术效率，并且研究技术效率水平保持不变情况下，农户生产成本的变化趋势。由于配置效率计算相对复杂，Alvarez 和 Arias（2003）的研究并没有考虑，此外，实证研究中，也很少有研究估算农户的配置效率损失情况。本书借鉴 Kumbhakar 和 Wang（2006）的原始系统法计算农户的技术效率损失和配置效率损失，具体计算过程如上一章所示，进而将计算的技术效率损失和配置效率损失代入式（6－7）的实证模型。

7.1.3　数据说明

本书使用江苏省物价局水稻成本收益调查 2013 年、2014 年的微观农户数据进行实证分析。2013 年和 2014 年调查户数分别为 338 户和 339 户，覆盖 13 个市 37 个县，每个县包括三个调查乡镇，每个乡镇随机选择三个农户。Fan（2000）指出江苏是我国最发达的地区之一，在村级、乡镇一级、县级、市级以及省级都有接受过良好培训的调查人员，调查数据质量较高。根据实证模型要求，剔除两年内仅出现一次的农户，得到 207 户在两年内均出现的农户，共计 414 个样本。

其中，有 81 户在 2014 年扩大种植规模，有 72 户在 2014 年减少种植规模，剩余的 54 户种植规模保持不变。

与前面两章相同，本章的样本数据存在同样的问题，因此，采用李首涵等（2015）的方法，使用当地农业雇工市场实际发生的工价进行矫正。此外，本书利用化肥、农药等农资价格指数以及粮食产品价格指数将数据折算成以 2014 年相应价格为基期。基于折算后的可比价格数据，我们发现规模扩大的农户平均种植规模由 10.07 亩扩大到 27.41 亩，扩大了 2.7 倍。

表 7－1 汇报了相关变量的描述性统计结果。化肥用量为氮肥、磷肥和复合肥的折纯量，因此比实际用量低。机械用量以机械费用除以柴油价格得到。

表 7－1　相关变量描述性统计结果

变量	均值	标准差	最小值	最大值
产量	8575.55	25884.71	500.2	261888
化肥用量	458.02	1294.105	24.15	12326.40
土地规模	14.95	47.21	1	480
劳动力	55.92	127.67	5.95	1540.8
机械投入量	21.37	7.99	4.23	54.27
产品价格	2.96	0.12	2.70	3.30
化肥价格	5.03	0.54	3.88	6.99
土地租金	267.87	68.59	127.05	442.95
劳动力价格	86.39	18.68	50.00	155.37
机械价格	8.17	0.21	7.96	8.38

注：化肥用量为折纯量。机械用量以机械费用除以柴油价格得到。

7.2　不同规模农户技术效率和配置效率水平

计算农户技术效率水平和配置效率水平是本书的基础。技术效率计算相对简单，但配置效率计算较为复杂，并且对相关数据要求苛刻，因此很少有研究分析农户的配置效率状况。Fan（2000）通过联合估计成本函数和成本份额方程，分析我国水稻种植户的技术效率与配置效率水平，发现我国水稻种植户的技术效率在1979～1984年迅速提升，其余时间技术效率和配置效率提升缓慢。许庆（2011）采用TFP分解的方法，同样发现我国粮食种植户的配置效率损失仍然较大，但有所改善。与以上方法不同的是，本书将采用Kumbhakar和Wang（2006）开发的原始系统生产函数模型，根据第6章的三个步骤计算农户技术效率和配置效率水平，避免联合估计过程中可能出现的偏误（Greene，1980；Kumbhakar and Wang，2006）。

由于本书假设农户效率水平固定不变，因此仅利用2013年的数据计算农户的技术效率和配置效率水平，然后将效率水平直接赋值给2014年对应的农户。所以表7－2～表7－4均是使用2013年的数据计算的结果。表7－2汇总了C－D生产函数的估计结果。估计结果显示，化肥、土地、劳动以及机械等要素均对水稻产量产生显著的正向影响。C－D生产函数的回归系数可以理解为相应要素的产出弹性，从表7－2可以看出土地的产出弹性最高，增加1%种植面积，产量将增长0.792%。进一步根据土地的产出弹性、平均产量、平均土地规模以及产品价格计算出土地的边际产品价值为1329.7元，远远高于土地租金，这意味着农户增加种植面积可以获得额外的收益，该结果与第6章使用2014年的数据得到的结论一致，同样为中央政府鼓励适度规模经营提供了现实支撑。

表7－2　柯布—道格拉斯（Cobb－Douglas）生产函数回归结果

变量	系数	Z值
化肥	0.094*** （0.027）	3.43
土地	0.792*** （0.040）	19.69
劳动	0.039** （0.018）	2.22
机械	0.074*** （0.016）	4.63
常数项	5.848*** （0.128）	45.68
Sigma_ u^2	0.027	
Sigma_ v^2	0.002	
Log likelihood =	243.037	

注：括号里的数字为标准误差。***、**和*分别表示在1%、5%和10%的置信水平上显著。

表7－2的结果还显示技术非效率方差在总方差中的占比为93.1%，表明农户存在明显的技术效率损失。技术效率的描述性统计特征如表7－4所示，农户技术效率的最高值为0.986，最小值为0.770，平均值为0.936，如果消除技术效率损失，农户的平均产量还有6.4%增长潜能。

根据配置效率的计算步骤，本书首先计算了配置效率损失和技术效率损失的成本。表7－3汇总了2013年每千克水稻技术效率损失成本、配置效率损失成本以及成本效率损失成本的描述性统计结果。首先，每千克水稻平均技术效率损失成本为0.051元，占效率损失总成本的份额非常低。与技术效率损失成本不同的是，每千克水稻平均配置效率损失成本为1.020元，占效率损失总成本的比重高达95%，即我国水稻生产的效率损失成本主要来源于配置效率损失。技术效率损失和配置效率损失的平均总成本为1.072元，占水稻生产成本的比重为60%，该结果显著高于上一章计算的结果（45%），但是与Maietta（2000）以及Mosheim和Lovell（2009）的研究结果非常接近（分别为69%和60%）。效率损失总成本随着农户规模的变化与配置效率损失成本呈现同样的变化趋势。

与此同时，我们还简单比较了种植规模低于10亩、10～50亩以及50亩以上三个区间的农户技术效率损失、配置效率损失以及效率损失总成本的变化趋势。从数值上看，技术效率损失成本随着规模的增大而呈现上升趋势，但Hotelling's T^2检验结果显示不同规模之间并没有显著差异。Hotelling's T^2检验结果显示随着规模的扩大，农户配置效率损失总成本呈现显著的下降趋势，相对于10亩以下的小农户，50亩以上农户的配置效率损失成本下降幅度达45.7%。该结果与第6章利用2014年的数据得到的结论一致，说明我们的结论较稳健。

表7－3　每千克水稻技术效率损失成本、配置效率损失成本以及效率损失总成本

效率损失成本	平均值	标准差	最小值	最大值
技术效率损失成本	0.051	0.043	0.010	0.215
配置效率损失成本	1.020	0.287	0.364	1.955
效率损失总成本	1.072	0.284	0.513	1.999

根据表7－2和表7－3的结果，表7－4汇总了农户的技术效率、配置效率

和成本效率。水稻的技术效率值大约是配置效率和成本效率的两倍。技术效率的提高，一方面归因于家庭联产承包责任制改革充分调动了广大农民的积极性，另一方面得益于化肥、农药和机械等现代投入要素的技术不断升级并且广泛普及（Carter，2011）。在此背景下，我国农户通过精耕细作的方式，大大提高了粮食种植的技术效率（Fan，2000），也为粮食产业全要素生产率的增长做出重要贡献（许庆，2013）。配置效率较低主要是因为我国农业生产面临人多地少和水资源短缺的约束，经营规模细小且分散，农户通过密集投入化肥、农药以及劳动的方式克服自然资源的约束（Carter，2012），这种不合理的要素投入方式导致农户资源配置效率降低，但这种非最优化的资源配置结构并不完全是农户非理性的决策，有其客观原因（许庆，2013）。政府部门一方面可以因时、因地制宜，加快土地流转，促进适度规模经营，提高土地资源配置效率；另一方面也要加快要素市场化改革，加强农民农业技能培训，高效合理配置相关要素。成本效率均值为0.405，表明如果消除效率损失，水稻单位生产成本将降低59.5%。

表7-4 水稻生产的技术效率、配置效率与成本效率

效率水平	均值	标准差	最小值	最大值
技术效率	0.936	0.042	0.770	0.986
配置效率	0.418	0.099	0.189	0.760
成本效率	0.405	0.092	0.186	0.683

7.3 效率水平不变情况下农户扩大规模对成本的影响

尽管，从规模变化的角度来看，技术效率损失成本在不同规模农户间没有显著差异，但配置效率损失成本和效率损失总成本随着农户种植规模的增大而大幅降低，即小规模农户效率损失成本显著高于大规模农户。处于相对较低效率水平

的小规模农户如果保持当前效率水平不变，短期内数倍扩张经营规模，以较低的效率水平从事大规模经营，那么，这是否会对其生产成本产生不利影响呢？基于上一部分所计算的农户技术效率、配置效率以及总体成本效率水平，本部分将对该问题进行分析。

为了分析小规模农户以较低的效率水平从事大规模农业生产对其单位产品生产成本的影响，我们假设农户以 2013 年的效率水平从事 2014 年的经营活动，相对于 2013 年，有 81 个农户扩大了经营规模。根据实证模型部分的介绍，如果式（7 -7）中系数的估计结果为负数，则表明无论扩大规模对成本产生正向或者负向影响，提高效率水平都能够获得更大的规模经济效应，也就意味着农户保持效率水平不变，从事更大规模水稻种植将导致额外的效率损失成本。

然而，对式（7 -7）进行直接估计可能存在内生性问题。因为效率水平本质上衡量的是一系列未包含在生产函数或者成本函数中的变量对农户产量或生产成本的综合影响，但是在随机前沿模型中效率水平可能还包含了测量误差，一旦测量误差与式（7 -7）中的解释变量相关，估计结果将产生偏误（Alvarez and Arias，2003）。Greene（2000）以及 Alvarez 和 Arias（2003）认为可以使用效率值的排序作为效率水平的工具变量，因为测量误差虽然可以改变效率值，但是不能改变其排序，而且效率值的排序只与那些对农户产量或者生产成本产生影响但未被包含在函数模型中的变量相关，与测量误差无关（Alvarez and Arias，2003）。表 7 -5 汇总了实证模型中如果用效率值作为解释变量是否存在内生性的检验结果。Durbin 检验和 Wu - Hausman 检验两种方法的原假设均是：效率值变量是外生的。检验结果显示，技术效率值是外生的原假设在 1% 的置信水平上被拒绝，配置效率值是外生的原假设在 10% 的置信水平上被拒绝，成本效率值是外生的原假设在 5% 的置信水平被拒绝。

表 7 -5　变量内生性检验结果

效率	原假设	原假设	P 值
技术效率	Durbin 检验	H0：技术效率值变量是外生的	0.0066
	Wu - Hausman 检验	H0：技术效率值变量是外生的	0.0070

续表

效率	原假设	原假设	P值
配置效率	Durbin 检验	H0：配置效率值变量是外生的	0.0584
	Wu - Hausman 检验	H0：配置效率值变量是外生的	0.0605
成本效率	Durbin 检验	H0：成本效率值变量是外生的	0.0362
	Wu - Hausman 检验	H0：成本效率值变量是外生的	0.0415

根据表7-5的检验结果显示，直接使用效率值作为解释变量估计实证模型（7-7）存在的内生性问题。因此，本书采用Greene（2000）以及Alvarez和Arias（2003）的方法，使用效率值的排序作为工具变量进行回归。我们将技术效率、配置效率以及成本效率分别按照从小到大排序编号，以此排序作为效率值的工具变量。两阶段工具变量的估计结果如表7-6所示。对于技术效率与种植规模不匹配的情况，估计结果与预期并不一致，规模与效率交叉项系数的符号为正，并且在10%置信水平上显著。该结果意味着技术效率提高，种植规模的成本弹性将提高，即无论在成本上升或者下降阶段，高效率农户扩大种植规模将导致成本更大幅度的上升。这可能是因为技术效率损失成本在总成本中所占的份额非常小，如表7-3所示，使用技术效率值排序作为工具变量可能扩大了技术效率对生产成本的影响效果。对于配置效率和成本效率与种植规模不匹配的情况，估计结果显示规模与效率交叉系数的符号与预期一致，并且分别在5%和10%的置信水平上显著为负。该结果表明种植规模的成本弹性将随着配置效率和成本效率的提高而降低，无论在成本上升或者下降阶段，高效率农户扩大种植规模将导致成本更大幅度的下降，即效率水平越高规模经济效应越明显。这也意味着如果农户以较低的效率水平从事更大规模的经营活动将导致成本更大幅度上升，可能无法实现通过扩大规模降低成本、提升竞争力的目标。配置效率和成本效率的估计结果还显示种植规模的平方项对单位产品成本产生显著的正向影响（显著大于0），而种植规模对单位产品成本产生显著的负向影响（显著小于0），该结果意味着在控制效率水平不变的情况下，单位水稻平均生产成本与种植规模呈现“U”型关系，即随着规模的扩大，单位水稻平均生产成本呈现先下降后上升的趋势。因此，我国在鼓励农户扩大种植规模的过程中，不能盲目求大，应该注意

规模的“适度”问题。

表 7-6 单位产品成本两阶段工具变量（2SLS）回归结果——规模增加

变量	技术效率	配置效率	成本效率
规模	0.004（0.034）	-0.148**（0.068）	-0.146*（0.078）
规模平方	0.014（0.010）	0.027*（0.014）	0.025*（0.015）
规模×效率	0.440*（0.231）	-0.116**（0.057）	-0.114*（0.065）
效率	-5.156*（2.864）	1.309***（0.418）	1.514***（0.514）
效率平方	-21.082（16.827）	0.642***（0.206）	0.737***（0.248）
时间趋势	0.099***（0.015）	0.100***（0.016）	0.100***（0.016）
常数项	0.370***（0.092）	1.209***（0.212）	1.314***（0.265）
Wald Chi^2	77.74	69.11	66.59
样本数	162	162	162

注：***、**和*分别表示在1%、5%和10%的置信水平上显著。样本数为162是因为该结果只汇报了规模增加户的情况，因为本章要验证的假说是农户保持效率水平不变而扩大规模对生产成本的影响。

此外，我们还汇报了规模不变以及规模减小情况下的回归结果（如表7-7所示）。该结果显示，在规模不变以及规模减小情况下保持效率损失水平不变对农户单位产品成本并不产生影响。

表 7-7 单位产品成本两阶段工具变量（2SLS）回归结果——规模不变和规模减小

变量	规模不变			规模减小		
	技术效率	配置效率	成本效率	技术效率	配置效率	成本效率
规模	-0.282*** （0.106）	0.040 （0.177）	-0.038 （0.237）	-0.146*** （0.041）	-0.063 （0.062）	-0.066 （0.064）
规模平方	0.081** （0.036）	0.053 （0.034）	0.057* （0.034）	0.053*** （0.012）	0.036*** （0.013）	0.037*** （0.013）
规模×效率	-0.769 （0.529）	0.209 （0.200）	0.138 （0.252）	0.023 （0.361）	0.042 （0.055）	0.037 （0.057）

续表

变量	规模不变			规模减小		
	技术效率	配置效率	成本效率	技术效率	配置效率	成本效率
效率	2.748 (2.450)	1.638 (1.441)	1.077 (1.723)	-4.328 (2.740)	0.592 (0.380)	0.627 (0.429)
效率平方	13.01 (11.09)	0.884 (0.715)	0.582 (0.855)	-24.70 (19.75)	0.467** (0.185)	0.471** (0.208)
时间趋势	0.015 (0.014)	0.015 (0.014)	0.015 (0.014)	0.106*** (0.016)	0.114*** (0.015)	0.115*** (0.015)
常数项	0.926*** (0.151)	1.527** (0.711)	1.286 (0.868)	0.570*** (0.087)	0.781*** (0.191)	0.803*** (0.215)
Wald Chi^2	35	21.04	15.87	105.13	136.39	133.97
样本数	108	108	108	144	144	144

注：***、**和*分别表示在1%、5%和10%的置信水平上显著。

本书通过式（7-8）给出的种植规模的成本弹性来分析规模与效率不匹配对水稻生产成本的影响。表7-8分别显示使用配置效率和成本效率估计结果计算的规模成本弹性。以配置效率估计结果为例，其规模成本弹性均值为-0.55，并且只有4个农户的规模成本弹性大于零，这意味着大部分农户扩大规模将会降低平均生产成本。规模成本弹性为零时表明扩大规模可以保持平均成本不变，这种情况可以看作是成本最小化的最优规模点。从样本数据来看，规模成本弹性最接近零的是0.02，此时该农户的经营规模为110，那么，样本农户成本最小化的规模应该是110亩左右。成本效率估计结果与配置效率估计结果基本一致。根据规模成本弹性的计算方法，我们还可以计算效率的成本弹性，该弹性表明农户效率水平增加1%，其平均生产成本变动的幅度。效率成本弹性如表7-8所示，农户效率水平每增加1%，农户平均生产成本将降低0.02%。

效率成本弹性与规模成本弹性之比可以理解为为了保持平均成本不变，农户效率水平增加1%可以带来的规模变动幅度。基于表7-7的数据简单计算可以认为，效率水平增加1%及种植规模增加0.04%可以保持农户平均成本不变。此外，在式（7-8）中如果保持规模成本弹性不变，种植规模对数对效率水平对

数求偏导，即$\left.\frac{\partial \ln s}{\partial \ln e}\right|_{d\zeta_s=0}=-\frac{a_{se}}{a_{yy}}$，该结果表明在不改变规模经济水平的情况下，农户效率水平增加1%允许的种植规模增加4.3%。成本效率计算结果与配置效率类似。

表7-8　规模成本弹性和效率成本弹性

弹性		均值	标准差	最小值	最大值
配置效率	规模成本弹性	-0.55	0.17	-0.75	0.16
	效率成本弹性	-0.02	0.28	-1.04	0.68
成本效率	规模成本弹性	-0.54	0.16	-0.74	0.14
	效率成本弹性	-0.02	0.32	-1.17	0.68

7.4　本章小结

本章基于江苏省稻农2013年和2014年成本收益的微观数据，借鉴并扩展了Alvarez和Arias（2003）的实证模型，分别从技术效率、配置效率以及成本效率三个视角分析经营规模与效率不匹配对农户生产成本的影响。实证结果显示，效率损失成本在农户水稻生产总成本中的比重高达60%，其中配置效率损失是农户效率损失的主要原因。此外，配置效率损失成本和效率损失总成本随着规模的扩大而大幅下降，但技术效率损失成本随着规模的扩大没有显著的上升趋势。两阶段工具变量回归结果显示，配置效率和成本效率相对较低的小规模农户在短期内从事更大规模经营时，由于效率水平与经营规模不匹配导致平均生产成本随规模扩张而下降的幅度降低，也降低了通过扩大规模降低成本、提升国际竞争力的政策效果。本章的实证结果还显示水稻平均生产成本与种植规模之间呈现“U”型关系，并且规模成本弹性结果显示，样本最优规模大约在

110 亩。

本书的政策启示是，一方面在鼓励适度规模经营的同时，必须加快要素市场化改革，加强农民农业技能培训，高效合理配置土地、劳动和资本等要素投入；另一方面在鼓励农户扩大种植规模的过程中，不能盲目求大，应该注意规模的“适度”问题。

第 8 章　全书结论与政策建议

进入 21 世纪以来，尽管我国水稻产业取得了 11 年连续增产的巨大成就，其中水稻产量由 2003 年的 1.61 亿吨增长到 2014 年的 2.06 亿吨，年均增长率为 2.3%。但是，从 2012 年开始，水稻进口量和库存量与水稻产量同步增长。水稻进口量在 2012 年之前基本保持在 50 万吨以内，但是 2012 年进口量迅速增加到 236.9 万吨，并且之后几年一直维持在 200 万吨以上。并且，据有关部门估算，水稻、小麦和玉米的总库存量达到 2.3 亿吨。“三量齐增”的尴尬局面不仅给中央政府带来了沉重的财政负担，同时也引起了国际市场的担忧。在工业化、城镇化迅速发展的背景下，水稻生产的物质与服务费用、人工成本逐年攀升以及土地成本不断显性化所导致的水稻产业缺乏国际竞争力是造成“三量齐增”现象的重要原因。与此同时，工业化、城镇化的迅速发展为大量农村剩余劳动力提供了非农就业机会，也为农业扩大经营规模提供了条件。

根据生产理论，生产者的平均成本曲线呈现“U”型或者“L”型，即随着经营规模的扩大，平均成本呈现先下降后上升的趋势或者平均成本曲线下降并维持在较低水平。因此，中央政府改变了自 1978 年家庭联产承包责任制实施以来均分土地的思路，通过创新土地制度，将土地所有权、承包权与经营权分置，鼓励各个地区因时制宜、因地制宜，积极稳妥地推进多种形式的土地流转，实现适度规模，并且该项政策取得了显著的成效。尽管从户均面积来看，农户经营规模由 1997 年的 10 亩[①]下降到 2014 年的 7 亩，但是，农户经营规模结构发生了巨大变化，耕地面积正在向规模农户集中，其中，经营面积在 50 亩以上的农户数量由 1997 年的 121 万增长到 2013 年的 156 万，绝对数和相对比重均大幅上升。并

① 该数据是用联合国粮农组织公布的中国第一次农业普查数据计算而得。

且，大规模农户大约经营了3.15亿亩耕地，占我国耕地面积的20.7%。

那么，大规模农户相对于小规模农户是否具有成本优势？成本优势主要体现在哪项成本细分项目上？实际生产过程中，农户由于存在技术效率损失和配置效率损失，实际生产成本往往高于前沿生产成本，那么，效率损失成本在实际生产成本中扮演何种角色？随着规模的变化，效率损失成本呈现何种变化趋势？此外，效率是农户经营能力的综合体现。然而，由于我国农民培训和农技推广项目以及要素市场化改革等没有相应跟进，由小规模农户迅速扩张而成的适度规模户可能仍然遵循着从事小规模生产的理念与方式。因此，小规模农户短期内数倍扩张经营规模可能导致其效率水平与其经营规模并不匹配，从而无法实现降低成本、提升竞争力的目标。

本书正是在此背景下，在分析我国粮食经营规模与生产成本演化趋势的基础上，采用江苏省稻农的微观数据对以上问题进行实证分析，得到如下结论与政策启示。

8.1　全书结论

8.1.1　经营规模分化发展是不同资源禀赋发达国家种植业发展的共同趋势

本书的第3章在分析我国种植业经营规模分布演化趋势以及水稻生产成本结构变化趋势之前，对其他国家种植业经营规模分布的发展趋势进行了归纳，以期为深入了解我国种植业经营规模分布特征奠定基础。首先，从联合国粮农组织公布的全球106个国家总体调研数据来看，虽然小规模农户数量占据绝对优势，但是从经营面积比重来看，72%的小于1公顷的农户仅经营了8%的耕地面积，而全球65%的耕地是由超过50公顷的农户在经营。此外，我们选择人地资源禀赋截然不同的三个发达国家作为分析对象，从动态角度描绘其经营规模分布的历史演化特征。其中，美国代表人少地多的新大陆国家，法国代表人地适中的欧洲国家，而韩国代表人多地少的东亚国家。尽管三个国家由于人地资源禀赋存在差异而导致规模分布的统计口径不一样，但是，当我们把规模区间分为三类，即把最小一个规模区间看作小规模农户，把最大一个规模区间看作大规模农户，而把中间所有规模区间看作中等规模农户，那么，无论是农户数量占比还是经营规模占比，小规模农户和大规模农户的比重均呈现上升趋势，而中间规模比重下降。该结论意味着，不同资源禀赋国家农户经营规模呈现出两极分化发展的特征。其中，小规模经营主体数量和经营面积占比上升的可能原因是，近年来随着工业化、城镇化的发展，越来越多生活在大都市退休后的居民，他们具有强烈的体验农业生产活动的意愿，他们将农业经营作为一种爱好，这种经营模式并不计较其是否盈利。而大规模农户数量比重和经营面积比重均呈现增长趋势，可能是农业技术发展、市场竞争、农业产业专业化发展等众多因素共同造成的。

此外，从现有研究所提供的数据来看，我国经营规模目前并不是呈现两极分化发展的趋势，但是，经营结构发生了巨大的变化，耕地面积在向规模农户集中。

8.1.2 大规模稻农相对于小规模稻农具有成本优势

在掌握世界不同资源禀赋发达国家种植业经营规模分布历史演化趋势以及我国种植业经营规模分布变化特征的基础上，本书通过采用江苏省微观稻农成本收益数据，将农户分成不同规模区间，分析单位产品生产总成本以及化肥、农药、种子等物质与服务费用、人工成本（包括雇工成本和家庭用工成本）以及土地成本随着规模的变化而表现出的变化趋势。相关研究表明，在不考虑官方数据低估家庭用工工价和自营地租金时，随着规模的扩大，水稻种植户平均单位成本并未下降。但是，经过市场雇工工价和流转地租金矫正以后，水稻平均单位成本与规模之间呈现“U”型关系，即随着规模的扩大，农户的单位水稻成本呈现下降趋势，但当规模超过 200 亩时成本开始上升，并且与 30 ~ 50 亩的农户成本相当。该结果表明，在一定经营规模范围内，大规模农户相对于小规模农户具有成本优势，扩大经营规模可能降低农户生产成本，从而提升我国水稻的国际竞争力。从成本结构来看，单位产品的物质与服务费用和土地成本并没有随着规模的扩大而呈现下降趋势，但是单位产品人工成本随着规模扩大而大幅下降是大规模农户获得成本优势的主要原因。

此外，我国水稻生产成本较高与农户不合理使用投入要素有关，本书比较了化肥、机械、土地和人工等要素边际产品价值与要素购买价格的关系，研究结果表明，化肥和人工两种要素存在过度投入现象，但随着规模的扩大，人工要素过度投入现象有所缓解，而化肥过度投入现象并未缓解。与越南和泰国这两个主要竞争对手相比，我国生产每吨水稻的成本比他们分别高出61%和88%，其中，人工成本和土地成本较高是我国水稻缺乏竞争力的主要原因。

8.1.3　配置效率损失成本是稻农效率损失成本和生产成本的重要组成部分

本书通过使用江苏省水稻种植农户微观调研数据，并且采用原始系统法将水稻生产成本分解为前沿成本、技术效率损失成本和配置效率损失成本，进一步分析各项成本与农户经营规模之间的关系。

实证结果显示，生产每千克水稻，技术和配置有效的平均前沿成本随着规模的变化经历先下降后上升的趋势。从前沿成本角度来看，大规模农户相对于小规模农户并不具有成本优势，可能由于大规模农户土地流转的费用较高，前沿成本随着农户经营规模的扩大而上升，出现了规模不经济现象。但是，当考虑农户技术效率损失和配置效率损失时，随着规模的增加，每千克水稻的实际生产成本呈现下降趋势。效率损失成本在实际生产成本中占45%，并且随着经营规模的增加而大幅下降。配置效率损失成本在效率损失成本中占据支配地位，配置效率损失成本在效率损失成本中的平均占比为92.7%。这意味着，由于配置效率损失较低并且可以弥补前沿成本上升的部分，因此，大规模农户在实际生产中具有生产成本优势。技术效率损失成本与前沿成本类似，随着农户经营规模的扩大，呈现微弱的上升趋势，但其本身占农户生产成本的比重非常低。

然而，需要强调的是，由于土地要素供给的刚性，要素之间替代存在边界，并且市场摩擦成本可能远高于理论假设，此外，由于我们假设不同规模农户技术水平相同，技术进步对降低成本的贡献可能也归结为效率损失成本降低的效果。因此，本书可能大大高估了效率损失成本在生产总成本中的比重，即使要素能够达到最优配置水平，可能实际生产成本下降幅度也没有那么大。

8.1.4 效率损失水平与规模不匹配将对稻农生产成本产生负面影响

效率水平是农户经营能力的综合体现。本书的研究结论表明，效率损失成本与经营规模之间呈现稳定的负向关系，即大规模农户对应着较低的效率损失成本，而小规模农户对应着较高的效率损失成本。然而，由于我国农民培训和农技推广项目以及要素市场化改革等没有相应跟进，由小规模农户迅速扩张而成的适度规模户可能仍然遵循着从事小规模生产的理念与方式。因此，小规模农户短期内数倍扩张经营规模可能导致其效率水平与其经营规模并不匹配，从而无法实现降低成本、提升竞争力的目标。基于江苏省稻农 2013 年和 2014 年成本收益的微观数据，本书分别从技术效率、配置效率以及成本效率三个视角分析经营规模与效率不匹配对农户生产成本的影响。2013 年农户生产成本分解结果与 2014 年一致，一定程度上说明研究结论较稳健。将效率损失的排序作为效率损失的工具变量，两阶段工具变量回归结果显示，配置效率和成本效率相对较低的小规模农户在短期内从事更大规模经营时，由于效率水平与经营规模不匹配导致平均生产成本随规模扩张而下降的幅度降低，也降低了通过扩大规模降低成本、提升国际竞争力的政策效果。该实证结果还显示水稻平均生产成本与种植规模之间呈现“U”型关系，并且规模成本弹性结果显示样本最优规模大约在 110 亩。

8.2 政策建议

8.2.1 水稻价格支持政策需要考虑经营结构变化效应

相关部门应该关注水稻经营主体结构变化对水稻生产成本的影响，及时调整我国农业支持政策尤其是水稻价格收购政策。相关研究结论表明，在考虑技术无效和配置无效情况下，每千克水稻的实际生产成本由最小规模区间的 2.324 元下降到最大规模区间的 2.018 元，平均生产成本为 2.283 元。然而，当使用各区间总调研面积作为权重时，每千克水稻的平均加权生产成本仅为 2.122 元，下降了 7%。因此，随着我国水稻经营主体结构的变化，适度规模经营主体数量不断增加，水稻成本将有所下降。然而，自 2004 年我国实施最低收购价格以来，水稻最低收购价每千克由 1.4 元涨到了 3.1 元，高于所有规模区间农户的实际生产成本，这意味着无论哪个规模区间，无论是技术和配置有效还是无效，在每千克 3.1 元的最低收购价格政策支持下，农户都可以存活下来，获得一定水平的收入。但是，在国际大宗商品价格下跌、我国经济进入新常态的背景下，各项成本上涨速度将会减缓，加之规模扩大带来的规模经济效应，这为我国调整最低收购价格创造了空间。此外，值得一提的是，该最低收购价格对大规模农户更有利，因为大规模农户相对于小规模农户不仅具有较低的生产成本，而且他们的产量也比较高，所以该政策对小规模农户来说是不公平的，应该配套其他政策增加小规模农户的收入水平，可以借鉴发达国家的收入补贴政策。但是，近年来随着经营规模户数量的增长，也出现了一些问题。一方面，水稻生产容易受到自然灾害的影响，江苏地区 2015 年秋收季节一直连绵阴雨，导致水稻不能及时收割，同时，由于相关配套的烘干设备不足，经营大户新收的水稻由于水分较高容易受到收购商的压价；另一方面，在中央政府适当保持最低收购价格不变或者调低的预期中，对水稻市场价格造成了巨大的影响，出于对市场价格下跌的预期，加上国家库存量年年增长的尴尬处境，很多收购商在秋收季节并不愿意收购，这就导致河南、安徽等地区“卖粮难”、“排队卖粮”等问题。

8.2.2　重视配置效率水平提升对提升我国水稻国际竞争力的作用

本书的研究结论表明，效率损失水平在农业生产成本中占据重要地位，并且，随着经营规模的扩大，效率损失成本呈现显著下降趋势，即效率损失成本下降是大规模农户获得成本优势的主要原因。因此，在我国水稻生产成本不断攀升、国际竞争力不断下降的背景下，中央政府应该重视提升农户效率水平的重要意义。本书的结论还表明，配置效率损失成本下降是最主要的原因，如何提高农户配置效率水平，尤其是小规模农户的配置效率水平非常关键。

尽管由于计算方式以及其他原因，配置效率损失成本下降的潜力可能并没有计算结果那么大。但是，随着我国农户经营规模结构的变化，以及国际市场激烈竞争的要求，要素市场化改革势在必行，努力实现各个投入要素达到最优配置水平十分重要。一方面，由于我国面临的粮食安全问题，过度追求单位面积的产量，导致化肥、劳动以及机械等要素过度投入，而人多地少的资源禀赋导致土地要素投入不足，在工业化、城镇化迅速发展吸纳大量农村劳动力以及水稻库存量年年增加的背景下，优化土地资源配置也有了一定的基础，同时，可以适当放低对单产水平的过度追求；另一方面，政府部门应该尽量减少对要素市场的干预，并且为大规模农户和小规模农户提供公平的要素获取途径和尽可能一致的价格，例如，通过金融市场改革，使小规模农户和大规模农户能够有同样的机会向金融部门贷款。当然，如前所述，我们的实证结果可能高估了配置效率损失成本，在实际生产过程中，即使各个要素达到最优配置水平，由于各种条件的限制，农户水稻生产成本可能无法获得如此大的下降幅度。但是，政府部门应该全力以赴地为要素优化配置创造机会。

8.2.3 农业经营能力和环境改善需要与适度规模经营同步发展

效率损失水平是农户经营能力以及经营环境的一种综合体现。农户的经营能力在农业经营中的重要性越来越接近非农行业。随着农业生产的复杂程度、信息技术发展水平以及管理价格波动与气候风险难度的提高，传统的经营方式可能完全无法适应新的要求，与此同时，我国未来改革的方向是让市场在资源配置中起决定性作用，并且农业改革的方向是价补分离，更多地发挥市场的作用。因此，在我国农业适度规模经营迅速发展以及农业政策调整的背景下，急需加强职业农民培训，尤其是适度规模农户的培训。将培训的重点由当前的聚焦于产中相关技能的培训转移到农户风险管理能力以及市场信息处理能力上，增强农户对大规模经营的全程化管理能力，降低农户技术效率损失成本。

此外，相关研究还表明由于受到地形条件以及地块不规则等因素的影响，我国农机要素投入存在过量现象，表明基础设施条件不完善导致相应技术高效使用，因此，相关政策应该向完善农业基础设施建设，尤其是高标准农田建设倾斜，完善的农业基础设施条件是农业技术高效应用的基础与保障，也是降低农业经营效率损失水平的重要措施。

8.2.4 农业适度规模经营既要积极也要稳妥

在工业化、城镇化的迅速发展为我国农业适度规模经营创造条件的背景下，我国水稻产业由于缺乏国际竞争力导致产量增长的同时，进口量和库存量也同时增长。因此，中央政策通过创新土地制度，将土地承包权、经营权与所有权分置，鼓励多种形式实现适度规模经营，降低农业生产成本，提升农产品国际竞争力。在此政策激励下，我国适度规模经营发展非常迅速，并且大规模农户相对于小规模农户而言，获得了成本优势。但是，本书的结论表明农户经营规模并不是越大越好，当经营规模超过 200 亩时，尽管在统计意义上不显著，但是单位水稻的生产成本开始上升。第 6 章的实证分析结果也表明，在当前技术条件和经营环境下，样本农户成本最小化的经营规模大约在 110 亩。因此，我国农户经营规模的扩大需要注意适度问题，不能片面求大，要注意规模与农户经营效率损失水平、农业技术条件、地方经济发展水平等条件相匹配。但是，最优的规模受到经济、技术发展，相关政策等因素的影响，是一个动态变化的过程，并不是一成不变的。此外，最优规模的确定也有很多标准，本书的规模只是样本内成本最小化的规模。

附　录

附表 1　种植业成本收益表

项目	单位	指标序号及关系
每亩		
主产品产量	公斤	1
产值合计	元	2 = 3 + 4
主产品产值	元	3
副产品产值	元	4
总成本	元	5 = 6 + 11
生产成本	元	6 = 7 + 8
物质与服务费用	元	7
人工成本	元	8 = 9 + 10
家庭用工折价	元	9
雇工费用	元	10
土地成本	元	11 = 12 + 13
流转地租金	元	12
自营地折租	元	13
净利润	元	14 = 2 − 5
现金成本	元	15 = 7 + 10 + 12
现金收益	元	16 = 2 − 15
成本利润率	%	17 = 14 ÷ 5 × 100%
每 50 公斤主产品		
平均出售价格	元	18 = 3 ÷ 1 × 50
总成本	元	19 = 5 ÷ 2 × 18
生产成本	元	20 = 6 ÷ 2 × 18
净利润	元	21 = 18 − 19

续表

项目	单位	指标序号及关系
现金成本	元	22 = 15 ÷ 2 × 18
现金收益	元	23 = 18 − 22
附记		
每亩用工数量	日	24
每亩主产品已出售数量	公斤	25
每亩主产品已出售产值	元	26
商品率	%	27
已出售率	%	28 = 25 ÷ 1 × 100%
每亩补贴收入	元	29
每亩成本外支出	元	30

附表2　种植业费用和用工表

项目	单位	指标序号及关系
一、每亩物质与服务费用	元	1 = 2 + 18
（一）直接费用	元	2 = Σ（3，6）+ Σ（13，17）
1. 种子费	元	3
2. 化肥费	元	4
3. 农家肥费	元	5
4. 农药费	元	6
5. 农膜费	元	7
6. 租赁作业费	元	8 = 9 + 10 + 12
机械作业费	元	9
排灌费	元	10
其中：水费	元	11
畜力费	元	12
7. 燃料动力费	元	13
8. 技术服务费	元	14
9. 工具材料费	元	15
10. 修理维护费	元	16

续表

项目	单位	指标序号及关系
11. 其他直接费用	元	17
（二）间接费用	元	18 = ∑（19，23）
1. 固定资产折旧	元	19
2. 保险费	元	20
3. 管理费	元	21
4. 财务费	元	22
5. 销售费	元	23
二、每亩人工成本	元	24 = 25 + 28
1. 家庭用工折价	元	25 = 26 × 27
家庭用工天数	日	26
劳动日工价	元	27
2. 雇工费用	元	28
雇工天数	日	29
雇工工价	元	30 = 28 ÷ 29
三、附记		
1. 每亩种子用量	公斤	31
2. 每亩化肥用量	公斤	32
3. 每亩农膜用量	公斤	33

附表3　种植业化肥投入明细表

项目	单位	指标序号及关系
一、每亩化肥金额	元	1 = 2 + 6 + 8 + 10 + 14
（一）氮肥	元	2
1. 尿素	元	3
2. 碳铵	元	4
3. 其他氮肥	元	5
（二）磷肥	元	6
其中：过磷酸钙	元	7
（三）钾肥	元	8

续表

项目	单位	指标序号及关系
其中：氯化钾	元	9
（四）复混肥	元	10 = 11 + 13
1. 复合肥	元	11
其中：二铵	元	12
三元素复合肥	元	13
2. 混配肥	元	14
（五）其他肥料	元	15
二、每亩化肥折纯用量	公斤	16 = 17 + 21 + 23 + 25
（一）氮肥	公斤	17 = 18 + 19 + 20
1. 尿素	公斤	18
2. 碳铵	公斤	19
3. 其他氮肥	公斤	20
（二）磷肥	公斤	21
其中：过磷酸钙	公斤	22
（三）钾肥	公斤	23
其中：氯化钾	公斤	24
（四）复混肥	公斤	25 = 26 + 29
1. 复合肥	公斤	26
其中：二铵	公斤	27
三元素复合肥	公斤	28
2. 混配肥	公斤	29

参考文献

[1] Adamopoulos T, Restuccia D. The Size of Farms and International Productivity Differences [J] . American Economic Review, 2014, 104 (6): 1667 - 1697.

[2] Alvarez A, Arias C. Technical Efficiency and Farm Size: A Conditional Analysis [J] . Agricultural Economics, 2015, 30 (3): 241 - 250.

[3] Alvarez A, Arias C. Diseconomics of Size with Fixed Managerial Ability [J]. American Journal of Agricultural Economics, 2003, 85 (1): 134 - 142.

[4] Alvarez A, del Corral J, Solís D, Pérez J A. Does Intensification Improve the Economic Efficiency of Dairy Farms [J] . Journal of Dairy Science, 2008, 91 (9): 3693 - 3698.

[5] Assuncao J J, Ghatak M. Can Unobserved Heterogeneity in Farmer Ability Explain the Inverse Relationship between Farm Size and Productivity [J] . Economics Letters, 2003, 80 (2): 189 - 194.

[6] Atkinson S E, Cornwell C. Parametric Estimation of Technical and Allocative Inefficiency with Panel Data [J] . International Economic Review, 1994, 35 (1): 231 - 243.

[7] Atkinson S E, Dorfman J H. Chasing Absolute Cost and Profit Savings in a World of Relative Inefficiency [C] . Paper Presented at AAEA Annual Meeting, Long Beach California, July 26, 2006.

[8] Avillez R D. A Detailed Analysis of the Productivity Performance of the Canadian Primary Agriculture Sector [J] . CSLS Research Report, 2011, 6.

[9] Berry R A, Cline W R. Agrarian Structural and Productivity in Developing Countries [M] . Baltimore: Johns Hopkins University Press, 1979.

[10] Binswanger H P. A Cost Function Approach to the Measurement of Elasticities of Factor Demand and Elasticities of Substitution [J] . American Journal of Agricultural Economics, 1974, 56 (4): 377 -386.

[11] Bravo - Ureta B E, Rieger L. Dairy Farm Efficiency Measurement Using Stochastic Frontier and Neoclassical Duality [J] . American Journal of Agricultural Economics, 1991, 73 (2): 421 -428.

[12] Brown J P, Weber J G. The Off - Farm Occupations of U. S. Farm Operators and Their Spouses [J] . Economic Information Bulletin, Economic Research Service, US Department of Agriculture, 2013, 117.

[13] Cai F. Chapter 3: End of the Unlimited Labor Supply Era in China, in beyond Demographic Dividends [J] . World Scientific, 2014: 57 -90.

[14] Carter, Colin A. China's Agriculture: Achievements and Challenges [R]. ARE Update 2011, 14 (5): 5 - 7. University of California Giannini Foundation of Agricultural Economics.

[15] Chavas J P, Chambers R G, Pope R D. Production Economics and Farm Management: A Century of Contributions [J] . American Journal of Agricultural Economics, 2010, 92 (2): 356 -375.

[16] Christiaensen L. The Role of Agriculture in A Modernizing Society: Food, Farms and Fields in China 2030 [M] . Washington, DC: World Bank, 2012.

[17] Coelli T. Estimators and Hypothesis Test for a Stochastic Frontier Function: A Monte Carlo Analysis [J] . Journal of Productivity Analysis, 1995, 6 (3): 247 - 268.

[18] Dawson P J, Hubbard L J. Management and Size Economics in the England and Wales Dairy Sector [J] . Journal of Agricultural Economics, 1987, 38 (1): 27 -38.

[19] Debertin D L. Agricultural Production Economics [M] . Macmillan Publishing Company, Second Edition, 2012.

[20] Dong F X, Hennessy D, Jensen H H. Size, Productivity and Exit Decision in Dairy Farms, Selected Paper Prepared for Presentation at the Agricultural & Applied

Economics Association's 2013 AAEA & CAES Joint Annual Meeting, Washington DC, August 4 - 6, 2013.

[21] Eastwood Robert, Michael Lipton and Andrew Newell. Farm Size [J]. In Handbook of Agricultural Economics, Volume 4, 2010 Elsevier Bv. doi: 10.1016/S1574 - 0072 (9) 04065 - 1.

[22] Ellis F. Peasant Economics: Farm Households and Agrarian Development [J]. Economic Development and Cultural Change, 1990, 40 (38): 213 - 214.

[23] Eswaran M, Kotwal A. Access to Capital and Agrarian Production Organization [J]. Economic Journal, 1986, 96: 482 - 498.

[24] Fan S G, Chan - Kang C. Is Small Beautiful? Farm Size, Productivity, and Poverty in Asian Agriculture [J]. Agricultural Economics, 2005, 32 (1): 135 - 146.

[25] Fan S G. Production and Productivity Growth in Chinese Agriculture: New Measurement and Evidence [J]. Food Policy, 1997, 22 (3): 213 - 228.

[26] Fan S G. Technological Change, Technical and Allocative Efficiency in Chinese Agriculture: The Case of Rice Production in Jiangsu [J]. Journal of International Development, 2000 (12): 1 - 12.

[27] FAO. The State of Food and Agriculture 2014 [J]. Innovation in Family Farming, Rome, 2014.

[28] Farell M J. The Measurement of Productive Efficiency [J]. Journal of the Royal Statistical Society, A CXX, 1957, 3: 252 - 290.

[29] Fare R., Lovell CAK. Measuring the Technical Efficiency of Production [J]. Journal of Economic Theory, 1978, 19: 150 - 162.

[30] Fukase E, Martin W. Who Will Feed China in the 21st Century? Income Growth and Food Demand and Supply in China [J]. Journal of Agricultural Economics, 2016, 67 (1): 3 - 23.

[31] Gardner B L. American Agriculture in the Twentieth Century [M]. Cambridge, MA: Harvard University Press, 2002.

[32] Greene W H. On the Estimation of a Flexible Frontier Production Model

[J]. Journal of Econometrics, 1980, 13 (1): 101 –115.

[33] Greene W H. Econometric Analysis [M] . 4th ed. London: Prentice – Hall, 2000.

[34] Griliches Z. Hybrid Corn: An Exploration in the Economics of Technological Change [J] . Econometrical, 1957, 25: 501 –522.

[35] Guan Z F, Lansink A O, Ittersum M V, Wossink A. Integrating Agronomic Principles into Production Function Specification: A Dichotomy of Growth Inputs and Facilitating Inputs [J] . American Journal of Agricultural Economics, 2006, 88 (1): 203 –214.

[36] Hall B F, Leveen E P. Farm Size and Economic Efficiency: The Case of California [J] . American Journal of Agricultural Economics, 1978, 60 (4): 589 – 600.

[37] Hicks J R S. The Theory of Wages [M] . Macmillan, London, 1932.

[38] Ji Y Q, Yu X H, Zhong F N. Machinery Investment Decision and Off – Farm Employment in Rural China [J] . China Economic Review, 2012, 23 (1): 71 –80.

[39] Jorgenson D W, Gollop F M. Productivity Growth in U. S. Agriculture: A Postwar Perspective [J] . American Journal of Agricultural Economics, 1992, 74 (3): 745 –750.

[40] Kislev Y, Peterson W L. Prices, Technology and Farm Size [J] . Journal of Political Economy, 1982, 90 (3): 578 –595.

[41] Kumbhakar S C, Tsionas E G. Measuring Technical and Allocative Inefficiency in the Translog Cost System: A Bayesian Approach [J] . Journal of Econometrics, 2005, 126 (2): 335 –384.

[42] Kumbhakar S C. Short – Run Returns to Scale, Farm – Size, and Economic Efficiency [J] . The Review of Economics and Statistics, 1993, 75 (2): 336 –341.

[43] Kumbhakar S C, Lovell C A K. Stochastic Frontier Analysis [M] . Cambridge, UK: Cambridge University Press, 2000.

[44] Kumbhakar S C. Modeling Allocative Inefficiency in a Translog Cost Function

and Cost Share Equations: An Exact Relationship [J] . Journal of Econometrics, 1997, 76 (1 -2): 351 -356.

[45] Kumbhakar S C, Wang H J. Estimation of Technical and Allocative Inefficiency: A Primal System Approach [J] . Journal of Econometrics, 2006, 134 (2): 419 -440.

[46] Lau L J, Pan A Y. A Test for Relative Efficiency and Application to Indian Agriculture [J] . American Economic Review, 1971, 61 (1): 94 -109.

[47] Lau L J, Pan A Y. Profit, Supply, and Factor Demand Functions [J]. American Journal of Agricultural Economics, 1972, 54 (1): 11 -18.

[48] Lewis W A. Economic Development with Unlimited Supplies of Labour [J]. The Manchester School, 1954, 22 (2): 139 -191.

[49] Liu Y M, Hu W Y, Jette - Nantel S, Tian Z H. The Influence of Labor Price Change on Agricultural Machinery Usage in Chinese Agriculture [J] . Canadian Journal of Agricultural Economics, 2014, 62 (2): 219 -243.

[50] Loyland K, Ringstad V. Gains, Structural Effects of Exploiting Scale - Economics in Norwegian Dairy Production [J] . Agricultural Economics, 2001, 24 (2): 149 -166.

[51] Lucas R E. On the Size Distribution of Business Firms [J] . The Bell Journal of Economics, 1978, 9 (2): 508 -523.

[52] Lund P J, Hill P G. Farm Size, Efficiency and Economics of Size [J] . Journal of Agricultural Economics, 1979, 30 (2): 145 -158.

[53] MacDonald J M, O' Donoghue E J, Mcbride W D, Nehring R F, Sandretto C L, Mosheim R. Profits, Costs, and the Changing Structure of Dairy Farming [R] . United States Department of Agriculture, Economic Research Report Number 47, 2007.

[54] MacDonald J M, Korb P, Hoppe R A. Farm Size and the Organization for US Crop Farming [R] . United States Department of Agriculture Economic Research Report Number 152, 2013.

[55] Maietta O W. The Decomposition of Cost Inefficiency into Technical and

Allocative Components with Panel Data of Italian Dairy Farms [J] . European Review of Agricultural Economics, 2000, 27 (4): 473 –495.

[56] McLemore D, Whipple G, Spielman K. OLS and Frontier Function Estimates of Long – Run Average Cost for Tenessee Livestock Auction Markets [J] . Southern Journal of Agricultural Economics, 1983, 15: 79 –83.

[57] Mosheim R, Lovell C A K. Scale Economics and Inefficiency of U. S. Dairy Farms [J] . American Journal of Agricultural Economics, 2009, 91 (3): 777 –794.

[58] Mundlak Y. Empirical Production Function Free of Management Bias [J] . Journal of Farm Economics, 1961, 43 (1): 44 –66.

[59] Neven D, Odera M M, Reardon T, Wang H. Kenyan Supermarkets, Emerging Middle – Class Horticultural Farmers, and Employment Impacts on the Rural Poor [J] . World Development, 2009, 37 (11): 1802 –1811.

[60] Paul C J M, Nehring R, Banker D, Somwaru A. Scale Economics and Efficiency in U. S. Agriculture: Are Traditional Farms History [J] . Journal of Productivity Analysis, 2004, 22: 185 –205.

[61] Rasmussen S. Production Economics: The Basic Theory of Production Optimisation [M] . Springer Texts in Business and Economics, Second Edition, 2012.

[62] Ruttan V W. Technology, Growth, and Development: An Induced Innovation Perspective [J] . Oup Catalogue, 2000, 62 (1): 272 –273.

[63] Schmidt P, Lovell C A K. Estimating Technical and Allocative Inefficiency Relative to Stochastic Production and Cost Frontier [J] . Journal of Econometrics, 1979, 9 (3): 343 –366.

[64] Sumner D A. American Farms Keep Growing: Size, Productivity, and Policy [J] . Journal of Economic Perspectives, 2014, 28 (1): 147 –166.

[65] Sumner D A, Leiby J D. An Econometric Analysis of the Effects of Human Capital on Size and Growth among Dairy Farms [J] . American Journal of Agricultural Economics, 1987, 69 (2): 465 –470.

[66] Supisra Arayaphong. Cost – Benefit Analysis of Different Rice Cropping

Systems in Thailand [D] . Master's Thesis, Uppsala University, 2012.

[67] Tauer L W. Efficiency and Competitiveness of the Small New York Dairy Farm [J] . Journal of Dairy Science, 2001, 84 (11): 2573 -2576.

[68] Tauer L W, Mishra A K. Can the Small Dairy Farm Remain Competitive in U. S. Agriculture [J] . Food Policy, 2006, 31 (5): 458 -468.

[69] Tian X, Yu X H. Using Semiparametric Models to Study Nutrition Improvement and Dietary Change with Different Indices: The Case of China [J] . Food Policy, 2015, 53: 67 -81.

[70] Tian X, Yu X H. The Enigmas of TFP in China: A Meta - analysis [J] . China Economic Review, 2012, 23 (2): 396 -414.

[71] Tweeten L, Gray R, Salcedo - Baca S. Structure of Farming under Freer Trade among NAFTA Countries [EB/OL] . In Loyns R M A. , Meilke K, Knutson R D, Yunez Naude A. , Structure Change as a Source of Trade Disputes under NAFTA, Proceedings of the Seventh Agricultural and Food Policy Systems Information Workshop, 2002, 98 - 128, http: //www. farmfoundation. org/news/articlefiles/902 - teal. pdf.

[72] Vlastuin C, Lawrence D, Quiggin J. Size Economics in Australian Agriculture [J] . Review of Marketing and Agricultural Economics, 1982, 50 (1): 27 -50.

[73] Wang J Y, Chen K Z, Gupta S D, Huang Z H. Is Small Still Beautiful? A Coparative Study of Rice Farm Size and Productivity in China and India [J] . China Agricultural Economic Review, 2015, 7 (3): 484 -509.

[74] Wu Y R. Chemical Fertilizer Use Efficiency and Its Determinants in China's Farming Sector [J] . China Agricultural Economic Review, 2011, 3 (2): 117 - 130.

[75] Xiao H B, Wang J M, Oxley L, Ma H Y. The Evolution of Hog Production and Potential Sources for Future Growth in China [J] . Food Policy, 2012, 37 (4): 366 -377.

[76] Yotopoulos P A, Lau L J. A Test for Relative Economic Efficiency: Some Further Results [J] . American Economic Review, 1973, 63 (1): 214 -223.

［77］ Yu X. Productivity, Efficiency and Structural Problems in Chinese Dairy Farms ［J］. China Agricultrual Economic Review, 2012, 4: 168 - 175.

［78］ Zhang Xiaoheng, Feng Chu, Xiaohua Yu, Yingheng Zhou, Xu Tian, Xianhui Geng, Jinyang Yang. Changing Structure and Sustainable Development for China's Hog Sector ［J］. Sustainability, 2017, 9（1）.

［79］ Zhou Y H, Zhang X H, Tian X, Geng X H, Zhang P, Yan B J. Technical and Environmental Efficiency of Hog Production in China ［J］. Journal of Integrative Agriculture, 2015, 14（6）: 1069 - 1080.

［80］蔡昉，李周．我国农业中规模经济的存在和利用［J］．当代经济科学，1990，2：25 - 34.

［81］陈锡文．中国粮食政策调整方向［J］．中国经济报告，2015，12：19 - 21.

［82］耿献辉，张晓恒，宋玉兰．农业灌溉用水效率及其影响因素实证分析［J］．自然资源学报，2014，29（6）：934 - 943.

［83］郭熙保，冯玲玲．家庭农场规模的决定因素分析：理论与实证［J］．中国农村经济，2015（5）：82 - 95.

［84］韩俊．土地政策：从小规模均田制走向适度规模经营［J］．调研世界，1998，5：8 - 9.

［85］韩长赋．韩长赋向全国人大委员会报告稳定和完善农村土地承包关系情况［EB/OL］. http://news.sina.com.cn/o/2015 - 08 - 28/doc - ifxhkaeq8783114.shtml，2015 - 08 - 28.

［86］韩长赋．全面实施新形势下国家粮食安全战略［J］．求是，2014，19：27 - 30.

［87］胡代光，高鸿业．西方经济学大辞典［M］．北京：经济科学出版社，2000.

［88］胡浩，杨泳冰．要素替代视角下农户化肥施用研究——基于全国农村固定观察点农户数据［J］．农业技术经济，2015（3）：84 - 91.

［89］黄季焜，马恒运．差在经营规模上——中国主要农产品生产成本国际比较［J］．国际贸易，2000，4：41 - 44.

［90］黄季焜．国家自然科学基金委员会管理科学部“现代农业发展的政策研究”重点项目群中期检查汇报会上的发言［Z］．2015－12－03.

［91］纪月清，王亚楠，钟甫宁．我国农户农机需求及其结构研究——基于省级层面数据的探讨［J］．农业技术经济，2013，7：19－26.

［92］纪月清，钟甫宁．非农就业与农户农机服务利用［J］．南京农业大学学报（社会科学版），2013（5）：47－52.

［93］金福良，王璐，李谷成，冯中朝．不同规模农户冬油菜生产技术效率及影响因素分析［J］．中国农业大学学报，2013，18（1）：210－217.

［94］李谷成，冯中朝，范丽霞．小农户真的更加具有效率吗？——来自湖北省的经验证据［J］．经济学（季刊），2009，9（1）：95－123.

［95］李谷成，冯中朝，占绍文．家庭禀赋对农户家庭经营技术效率的影响冲击［J］．统计研究，2008，25（1）：35－42.

［96］李首涵，何秀荣，杨树果．中国粮食生产比较效益低吗？［J］．中国农村经济，2015，5：36－43.

［97］李文明，罗丹，陈洁，谢颜．农业适度规模经营：规模效益、产出水平与生产成本［J］．中国农村经济，2015，3：4－17.

［98］刘红梅，王克强，黄智俊．影响中国农户采用节水灌溉技术行为的因素分析［J］．中国农村经济，2008（4）：44－54.

［99］刘七军，李昭楠．不同规模农户生产技术效率及灌溉用水效率差异研究——基于内陆干旱区农户微观调查数据［J］．中国生态农业学报，2012（10）：1375－1381.

［100］刘天军，蔡起华．不同经营规模农户的生产技术效率分析［J］．中国农村经济，2013，3：37－46.

［101］罗必良．农地经营规模的效率决定［J］．中国农村观察，2000，5：18－24.

［102］麻吉亮．河北玉米农户经营规模演变、驱动力及效率研究［D］．中国农业大学博士学位论文，2015.

［103］农业部．全国农业可持续发展规划（2015～2030 年）［R］．2015.

［104］庞守林，乔忠，田志宏，王春玲．中美粮食生产成本及结构差异的竞

争影响分析［J］．管理世界，2005，1：83－90.

［105］屈小博．不同规模农户生产技术效率差异及其影响因素分析——基于超越对数随机前沿生产函数与农户微观数据［J］．南京农业大学学报（社会科学版），2009（3）：27－35.

［106］石晓平，郎海如．农地经营规模与农业生产率研究综述［J］．南京农业大学学报（社会科学版），2013，13（2）：76－84.

［107］史纪新．世贸组织后过渡期我国出口农产品比较优势的转型趋势［J］．国际贸易问题，2005，12：11－15.

［108］速水佑次郎，弗农·拉坦．农业发展：国际前景［M］．北京：商务印书馆，2014.

［109］速水佑次郎，神门善久．农业经济论［M］．北京：中国农业出版社，2003.

［110］许庆，尹荣梁，章辉．规模经济、规模报酬与农业适度规模经营——基于我国粮食生产的实证研究［J］．经济研究，2011，3：59－71.

［111］许庆．技术效率、配置效率与中国的粮食生产［J］．人民论坛·学术前沿，2013，8：84－95.

［112］约翰·伊特韦尔，莫里·米尔盖特，彼得·纽曼．新帕尔格雷夫经济学大辞典第二卷：E－J［M］．北京：经济科学出版社，1996.

［113］展进涛，陈超．劳动力转移对农户农业技术选择的影响——基于全国农户微观数据的分析［J］．中国农村经济，2009（3）：75－84.

［114］张红宇．新型农业经营主体发展趋势研究［J］．农业经济研究，2015，1：104－109.

［115］张晖明，邓霆．规模经济的理论思考［J］．复旦学报（社会科学版），2002（1）：25－29.

［116］张丽丽，张丹，朱俊峰．中国小麦主产区农地经营规模与效率的实证研究［J］．中国农学通报，2013，29（17）：85－89.

［117］张晓恒，周应恒，严斌剑．农地经营规模与水稻生产成本：江苏案例［J］．农业经济问题，2017，2：48－54.

［118］赵肖柯，周波．种稻大户对农业新技术认知的影响因素分析——基于

江西省 1077 户农户的调查［J］. 中国农村观察，2012（4）：29－36.

［119］周曙东，张宗毅. 农户农药施药效率测算、影响因素及其与农药生产率关系研究［J］. 农业技术经济，2013，3：4－14.

［120］周应恒，胡凌啸，严斌剑. 农业经营主体和经营规模演化的国际经验分析［J］. 中国农村经济，2015（9）：80－95.

［121］周应恒，张晓恒，耿献辉. 我国种植业经营主体发展趋势［J］. 华南农业大学学报（社会科学版），2015，14（4）：1－8.

［122］朱希刚. 种植业生产技术进步评价和经营规模对策［J］. 农业技术经济，1991，1：9－18.